有趣的 數學活動

配合九年一貫能力指標來規畫小朋友的學習活動，從好玩的活動中學會數學，讓數學變成小朋友最喜歡的遊戲，搭配有趣的教具，你也可以輕鬆成為數學達人！

你知道嗎？

比畫手指頭就能輕鬆熟記九九乘法表

如何輕易猜出喜歡的人心裡在想誰

穿高跟鞋為什麼會讓身體曲線變美

哪些數字適合照鏡子

142857這個數字有什麼奇妙之處

易正明・陳淑卿 合著

序 言

　　佈題時應注意所提的問題其目標一定要明顯，佈置的情境尤其必須與生活經驗相連結，學生可以輕易地接受問題所表達的概念進而明瞭問題，在坡里雅（G.Polya, 1945）所著《怎樣解題》（How to Solve It）一書中更明白指出，提問問題採用引導性的方式，將使學習者獲得最大學習效果。茲簡單描述其步驟如下：

簡化原題→強化概念→引導與提示→再呈現原題→

可以進行合理的解題→提供不超過原題難度的類似題→

進行下一個概念及另一個問題

關於教學引導性問題的技巧舉例說明如下：

・怎樣解題（引導性問題）

　黑球或白球多？多多少？

1. 提出引導性問話？

　　1×1，每一邊均為一個時，黑球或白球多？多多少？

　　2×2，每一邊均為兩個時，黑球或白球多？多多少？

　　3×3，每一邊均為三個時，黑球或白球多？多多少？

　　4×4，每一邊均為四個時，黑球或白球多？多多少？

　　一直發展下去……，結果一般化（每一邊均為任意數）才是數學的精髓。

2. 提供思考問題的整理表格，供其進行歸納參考用之工具。

何種球多		1×1	2×2	3×3	4×4
	黑		✓		✓
	白	✓		✓	
	多多少	1	2	3	4

3. 類似題

寫下，發現了什麼？

適當的輔具搭配適宜的教學引導，才能發揮教學的最大效益。

別以大人的角度看數學、教數學，使用四四乘法表為素材進行乘法的學習，讓教學者體驗學生初學九九乘法表的感受，因此我們在教學上要給學生充足的時間去「消化吸收」剛學到的新知，太急於要求成果，將使學生因遭遇挫折而畏懼數學，最終討厭數學學習。

觀賞電視的我們，手中都可以擁有遙控器，隨時可以自主的選擇轉台，但是接受教育的小朋友卻沒有遙控器，更沒有轉台的自主選擇權，因此身為教師的我們，應該好好的備課，導演出精彩的每一齣戲，讓小朋友因有你（妳）的用心教學，夢裡也有甜美的笑容。

嘗試錯誤的過程是學習新知必經之路，設計適當的練習題或考古題讓學習者強化概念並連結舊經驗，活絡思路應用解題策略，所得的新概念才能穩固。

透過不同解題活動類型的比較，可以尋求更具效率且有意義的教

學活動。目前的教學研究強調的不只是教師如何教才能達到良好的教學效果，還要注意教師如何了解學生的錯誤概念，及如何使用策略來修正學生經驗中已有的錯誤概念。學生在解一些題目時，常常會因為受到環境或自己之前所經驗到的一些非正式知識的相互影響，而對不同概念產生某些不同程度的錯誤想法或迷思概念。

　　呂溪木（1983）認為學生錯誤概念的產生有可能是來自日常生活經驗所學到的，也有些是來自學生對老師機械式教學的一知半解。以分數概念的迷思概念為例，學習者未考慮分子與分母的相互關係（楊德清，2000，2002；楊德清、洪素敏，2003；Behr et al., 1984; Hunting, 1986），我們可以發現學生在等分的過程中並未注意到每一個等分是否都相等（林福來、黃敏晃、呂玉琴，1996）。林福來（1993）發現一般學生所發生的迷思概念在過去的學生身上亦曾發生過，也就是說迷思概念具有歷史性；穩定性的迷思概念與一般隨機的失誤（如筆誤、疏忽）不同，雖經教師一再提出證據提醒、講解，仍一再出現，顯然迷思概念具有根深柢固、不易改變的特質。因此迷思概念粗糙地可以被歸因為二類，第一類為教學上的不足或錯誤所出現的迷思，第二類是學習者自行建構錯誤所出現的迷思。對於第二類的迷思概念，學習者可能是多次學習仍學習錯誤或不恰當的類化比較、……等，我們可以利用不同的教學方法及利用舊有概念搭配新的數學定義來產生新的知識，或產生知識的衝突來幫助學童釐清迷思概念。因此教師的角色除了應思考如何協助學生解決問題，同時也要扮演一名激思者（provocateur），隨時給予學生有「認知衝突」（cognitiveconflict）的機會，使學生在討論的過程中，逐漸修正、建構自己內在概念的基模（陳和貴，2001）。由此看來，教學者深入探索學生所建構的迷思概念及其原因，實有其必要性。

　　Bransford, Brown 和 Cocking（2000）也提出兩個使學生的迷思概

念有所改變的有效方法：

(一)架橋（bridging）：透過一系列類似狀況的介入，把正確的概念引入迷思概念中，進而將迷思概念導正。

(二)交互說明論證（Interactive Lecture Demonstrations）：透過實驗或實驗例子的證明及說明討論，將學生的迷思概念導正。

從世界各國的中、小學教育改革所邁向的共識是：教實際生活情境的數學概念知識，數學概念如何適切的被表徵，銜接教師與學生對數學概念的理解，有意義的降低數學的複雜度並接近學生的想法。為了有利於數學抽象的類推本質，必須兼顧數學的原貌而不失真，因此如何在具體與抽象間取得一個平衡點就是最好的教學；簡言之，數學要有趣又要能用，如果一昧地注重有趣卻所學無用，則毫無意義。

利用教學前、教學中，以及教學後整個概念教學的程序（Jantz, 1988）搭配概念教學策略來修正學生經驗中已有的錯誤概念（林彥宏，2002）為了減少學生這些錯誤概念，在從事教學課程設計時，除了參酌學科專家意見外，尚需遵循下列觀點：

1. 分析學生的錯誤概念。

2. 將已發現的錯誤概念為基礎來從事課程設計（陳忠志，1991）。

而有效的概念教學策略有助於迷思概念的改變，有系統的幫助學生獲得學習成就。迷思概念與概念改變的關係如下圖所示：

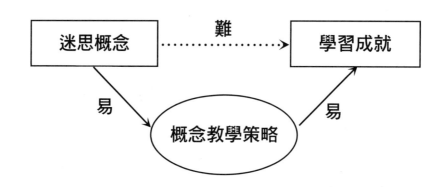

迷思概念與概念改變關係圖（陳和貴，民 91，頁 37）

　　由上圖可知，要直接改變迷思概念提高學習成就是較困難的，我們可以利用概念教學策略來輔助學生，讓學生能較容易的改變迷思概念並提高學習成就。

　　本書的撰寫理論依據係來自以具體的實際生活情境為素材，透過有趣生動的活動作為概念教學的策略，來改變迷思概念並提高學習成效。

　　強調數學學習應具備「猜測－證明－發現」並能充分融入下列四個要素：

- 引導學生由實際情境進入教學活動。
- 使學生嘗到發現結果的喜悅。
- 主動思考。
- 情願學習。

這才算開始學習。

　　因此課程設計之活動目的除趣味化外，亦能兼顧能力指標或相關連結主題為原則，蒐集較多的反例或認知衝突的情境問題，將使教學活化、學童易懂，除需要多閱讀並勤作筆記外，並無其他捷徑。

　　牛頓名言：「我看的比別人更遠，因為我站在巨人的肩膀上。」總之，課程目標及數學課程素材必須顧及下列三個目標：(1)提供對學生本身是有意義的問題。(2)以能強化學生在問題上的深度思考取代一系列零碎的片段題材。(3)重視學生專注在他們自己的解題技巧或自我能力的提昇上努力，而忽略僅靠記憶的片段題材。

　　教學中進行分組討論時，行間巡視是為了了解學習者的解題情形，以此決定下一步的活動將採用何種方案進行，因此教案經常不止一種路徑，會有各種配套措施。遇到討論的方向沒有價值，亦無助於釐清討論結果時，教師宜適時給予妥善的引導到有意義的概念上繼續進行討論，事先的準備工作及配套措施是重要的；例如：借助學生有

意義的想法，透過學生生活上的需求及預設情境下必須進行的解題活動均為激發概念聚焦的重要措施。

何謂數學化？數學化就是數學格式包括數學符號及數學定義，從數學符號可以看到數學的內涵，數字符號：11，讀作十一，其數學的內涵是十和一；英文為 eleven，其與 ten 、one 的關係不大，學習較難，因此數學符號也融合了民族文化的一部分。配合數學定義以了解數學的因果關係，以機率為例就是機會的比率相當於一個比值，當然不同於比或用於地圖的比例尺，因此數學定義對比與比值有不同的使用時機。透過數學史的紀錄，有數學家使用的簡便性及其歷史的修定過程，因此透過數學型式使人與人的溝通更加的簡便，並啟發人們的邏輯思考。

數學化的學習是學習簡便的溝通格式及合邏輯的思維模式，是未來做人處事的準則。「連結」顧名思義就是關聯與結合，將所學之數學化的相關知識應用於生活上，分縱向與橫向的連結。縱向的連結是指數學知識內部的連結，先學加減再學乘除，乘除的先備知識是加減，相互串聯形成知識結構圖；橫向的連結是將數學的除應用在自然學科的密度計算等。

降低數學的複雜度並接近學生的想法就是進行生活化的連結活動，為的是要有趣。數學抽象的類推本質，必須兼顧數學的原貌而不失真，為的是要數學化，使人與人的溝通更加簡便，並啟發人們的邏輯思考，也就是要數學為人們所用。如何在中間取得一個最佳點就是最好的教學。

易正明　陳淑卿
謹誌於國立臺中教育大學

活動名稱目錄

活動編號	適用年級	九年一貫能力指標	活動名稱
1	一、二年級	1- s-05 2-n-06	幫助背九九乘法表的手指頭活動
2	二年級	2-n-04 2-s-06	猜心裡想的圖案
3	一、二年級	1-n-05 1-a-01 2-n-05	多采多姿的阿拉伯數字㈠
4	一、二、三年級	1-n-01 2-n-01 2-a-02 3-n-01 3-a-01 3-a-02	多采多姿的阿拉伯數字㈡
5	一、二、三、五年級	1-n-01 3-n-04 5-n-03	搶 30 的遊戲
6	二、三年級	2-n-01 2-n-05 2-n-06 3-n-03 3-n-04	親愛的！我把相乘變相加了
7	三、四年級	3-n-01 3-n-02	條條大道通羅馬 數的比大、比小及其減的運算
8	三、四年級	3-n-01 4-n-01	猜猜看我心裡想的數字是多少？

幫助背九九乘法表的手指頭活動

活動名稱

幫助背九九乘法表的手指頭活動

問 ：「拿出你的雙手來，可以配合手指的活動，輔助記憶比較困難的九九乘法表的被乘數與乘數在 5 以上的積，太正點了！」

：「8 × 7 = 56，真是頭大！」

：「張開的手指頭左、右手共有五隻，彎起來的手指頭左、右手分別是兩隻及三隻，數字 56 的十位數「5」來自張開的五隻手指的總和，數字 56 的個位數「6」來自彎起來的兩隻手指頭與三隻手指頭的乘積，太正點了！」

適用年級 一、二年級

1. 使用方式：將要計算的兩數以手指頭表示（例如：6
   就是豎起大姆指，7 就是張開兩隻手指頭，彎起三隻
   手指頭（如圖 1-1 所示）。張開的手指頭，採用加法
   計算，和為十位數字；彎起來的手指頭採用乘法計
   算，積為個位數字。

6

7

圖 1-1　以手指頭表示數字

2. 說明：利用乘法對加法的分配律，配合代數運算式，
   導出所以然的道理。

$$8 \times 7 = (10-2) \times (10-3) = \underline{10 \times 10 - 2 \times 10 - 3 \times 10} + 2 \times 3$$
$$= [(5-2)+(5-3)] \times 10 + \underline{2 \times 3}$$

以 10 為單位做整理

張開的三隻手指頭和
兩隻手指頭的和為十
位數字

代表個位數字

同理解釋 6 × 6 = 36，張開的手指頭左、右手共有兩隻，
彎起來的手指頭左、右手分別是四隻及四隻，張開的兩隻手
指頭代表 20，彎起來的四隻手指頭與四隻手指頭的乘積是
16，因此 20 + 16 = 36，以此類推。

　　5 以下的九九乘法表建議可用累加的方式熟悉，面對 5 以上的數字對於剛背九九乘法表的小朋友來說，是比較困難的，所以可以配合手指的輔助，幫助其記憶，其預備知識為能熟悉 5 以下的九九乘法表。

　　5 以下的乘法運算可鼓勵學生利用累加的方式來計算。

　　5 以上的乘法運算則可利用雙手來幫助計算，其方法如下：每隻手指代號請參見表 1-1。以右手為例，數字 6 為張開右 1；數字 7 為張開右 1 和右 2；數字 8 為張開右 1、右 2、右 3，依此類推。左手同理。

表 1-1

	左手	右手
大拇指	左 1	右 1
食指	左 2	右 2
中指	左 3	右 3
無名指	左 4	右 4
小拇指	左 5	右 5

	右 1	右 2	右 3	右 4	右 5
6	√				
7	√	√			
8	√	√	√		
9	√	√	√	√	
10	√	√	√	√	√

實例：7×7＝49，左、右手皆張開大姆指與食指（左 1、左 2、右 1、右 2），兩手張開的手指數和為 2＋2＝4，而彎起來的手指左、右手各有三隻（左 3、左 4、左 5、右 3、右 4、右 5），代表 3×3＝9，我們就可以得知 7×7＝49。

理由：$7 \times 7 = (10 - 3) \times (10 - 3) = 10 \times (10 - 3 - 3) + 3 \times 3$

其中 3×3 代表彎起來三隻手指頭，$10 - 3 - 3 = 4$

代表張開的四隻手指頭，就是十位數字的 4。

小朋友你（妳）可以畫出 7×7 的兩手展開圖嗎？

連結藝術與人文領域，加深九九乘法表的美好印象（參見圖 1-2）。

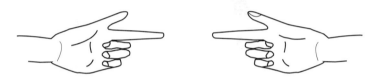

圖 1-2　7×7 的手勢

另一種手指頭活動，可用來輔助背九九乘法表中被乘數或乘數是 9 的積。方法是：兩手打開，面對自己，手指頭彎曲的位置在第三個位置（如圖 1-3 所示），第三個位置代表 $9 \times 3 = 27$ 運算式中的乘數「3」，原本十隻手指頭透過的第三隻手指頭分為二部分，面對自己的左邊有兩隻手指頭就是 $9 \times 3 = 27$ 運算式中乘積 27 的十位數「2」，面對自己的右邊有七隻手指頭就是 $9 \times 3 = 27$ 運算式中乘積 27 的個位數「7」。配合乘數的改變，由左至右調整手指頭彎曲的位置，可得所有九九乘法表中被乘數或乘數是 9 的乘積。想像 9×6 的圖像，應該是彎曲的手指頭在第六個位置（如圖 1-4 所示），則面對自己的左邊有五隻手指頭，右邊有四隻手指頭，因此 $9 \times 6 = 54$，聰明的你（妳），不妨試著動一動你（妳）的手

指頭吧。

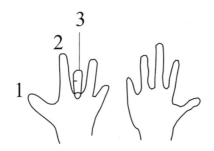

圖 1-3　3×9＝27 的手勢

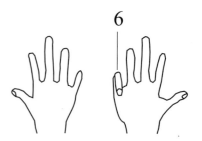

圖 1-4　6×9＝54 的手勢

能力指標　1-s-05（能描述某物在觀察者的左右位置）、2-n-06（能理解乘法的意義，使用 ×、＝ 作橫式記錄）。

小叮嚀 ⋯⋯⋯⋯⋯⋯⋯⋯⋯⋯⋯⋯⋯⋯⋯⋯⋯⋯⋯⋯⋯⋯⋯⋯⋯

透過活動加深學習知識印象，花點巧思數學就變得有趣又好玩！

2

猜心裡想的圖案

活動名稱

猜心裡想的圖案

問 😊：「任想出一個兩位數，不要告訴我，將此兩位數減去個位數字及十位數字，將所得的數字找出所對應的圖案（表 2-1）並記住圖案，我可以猜出該數字所對應的圖案，太正點了！」

😊：「76－7－6＝63，對應表 2-1 的圖案為「☾」，你可以讀心啊！真是頭大！」

😊：「不妨多試幾回，保證屢試不爽，太正點了！」

 二年級

　　請一位小朋友隨意想出兩位數字，將此兩位數減去個位數字及十位數字，所得的數字依表 2-1 找出對應的圖，請全班記住圖案。例如：76－7－6＝63，對應的圖案為「☾」，猜圖案的人是不被告知隨意想出的兩位數字，技巧在於兩位數減去個位數字及十位數字必為 9 的倍數，加上所設計的數字與圖案對應表。

表 2-1：數字與圖案對應表

十位＼個位	1	2	3	4	5	6	7	8	9
0	🕐	∅	🕐	🕐	📄	💧	🏷	⊙	☽
1	🖨	✡	📖	👓	❄	📫	<	☽	#
2	↻	↧	↯	↵	☺	📁	☽	🔔	✂
3	☯	☦	⌛	✈	🏝	☽	↩	📋	✌
4	⌢	⌐	↕	📄	☽	▭	▢	💻	👌
5	⚑	🎹	▨	☽	🕸	🕷	💥	🏭	🏞
6	📢	⏮	☽	🏗	▲	▼	▶	♥	📎
7	🗨	☽	🗨	Π	Θ	Ρ	Χ	Δ	Ε
8	☽	Σ	ς	Κ	Λ	Ω	≅	!	∴
9	☎	🏘	🏞	🗨	👁	🗑	▣	✤	▣

活動指導語

1. 訓練小朋友兩位數的減運算。

2. 豐富數字與圖案對應表的圖案,增加學習趣味,進而訓練小朋友的記憶。

3. 從表2-1發現規則了嗎?數字與圖案對應表的對角線都安排相同的圖案,此圖案對應的數字也正巧都是 9 的倍數,所以不管小朋友心裡想的兩位數為何,對應在表2-1的圖案必為「☾」。

4. 為了增加神秘感,可以增加不同的數字與圖案對應表(如表2-2),交替使用。

能力指標 2-n-04(二位數的加減計算,基本加法運算)、2-s-06(認識簡單平面圖形與立體形體)。

小叮嚀 ··

學生的討論重在其過程,從中逐漸修正自己內在的迷思概念,也因有「認知衝突」的機會,才會出現柳暗花明的學習喜悅。

表 2-2：數字與圖案對應表

十位＼個位	1	2	3	4	5	6	7	8	9
0									
1							<		#
2									
3									
4									
5									
6									
7				Π	Θ	Ρ	Χ	Δ	Ε
8		Σ	ς	Κ	Λ	Ω	≅	!	∴
9									

3

多采多姿的阿拉伯數字（一）

問 ：「給你阿拉伯數字 1、2、3、4、5、6，不重複地放入下列○中，滿足每一列及其兩斜行的數字和都相同，太正點了！」

○

○   ○

○   ○   ○

：「 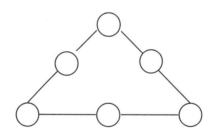 ，好像不對？！真是頭大！」

：「1＋2＋3＝6、3＋4＋5＝12、5＋6＋1＝12，調整數字位置如下，

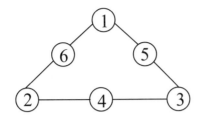

1＋6＋2＝9、2＋4＋3＝9、3＋5＋1＝9，太正點了！」

 一、二年級

 請將阿拉伯數字 1～6 不重複地放入下列○中，並滿足每一列或斜行的數字和均相同（圖 3-1）。

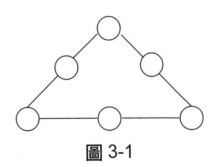

圖 3-1

1. 可以搭配教具及數字卡來進行嘗試錯誤的操弄。

2. 進行各斜行、列的加法運算。

3.

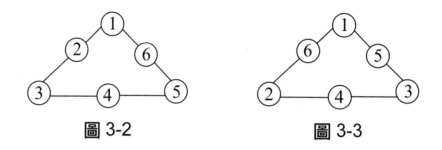

圖 3-2   圖 3-3

由圖 3-2 發現斜行分別為 6、12，而列為 12，不滿足數字和均相同的條件，因此調整圖 3-2 為圖 3-3，為此活動中的一組可行解。

4. 一年級小朋友可以透過多次的操弄來熟練基本加法運算，達到精熟學習的目的又不失趣味及挑戰雙重意涵。

5. 本活動的關鍵在於三頂點的數字，都將重複出現在斜行或列中共二次，因此考慮1、2、3是阿拉伯數字1～6中最小的，放在三個頂點時，則預期二個斜行與列的總和為 $(1+2+3+4+5+6)+(1+2+3)=\dfrac{(1+6)\times 6}{2}+6$ $=27$，$27 \div 3 = 9$（每一列、斜行的數字和均相同），因此右斜行＝左斜行＝列＝9（參見圖 3-3）。

若將最大的數 4、5、6 放入頂點，則預期之斜行、列的總和為 $(1+2+3+4+5+6)+(4+5+6)=\dfrac{(1+6)\times 6}{2}$ $+15=36$，$36 \div 3 = 12$（參見圖 3-4）。

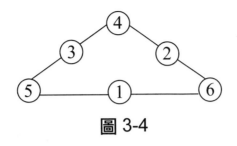

圖 3-4

6. 結論：決定了頂點的數字，就確定這1～6個阿拉伯數字的排列。

7. 因此排列的可能數字和可以是 9（圖 3-3）、10（圖 3-5）、11（圖 3-6）、12（圖 3-4）。

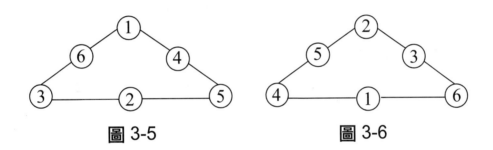

圖 3-5   圖 3-6

8. 經過旋轉及對稱的相對應排列均是可行解，學生可以透過競賽的過程找出其他的可行解，為排列的概念奠定基礎。

總結分析

1. $1+2+3+4+5+6=21$，出現在頂點處的數字會被累加二次。

2. 若被累加二次的數字取最小的三數(1、2、3)，則每一條線總和為$[21+(1+2+3)] \div 3 = 9$，若取最大三數(4、

5、6)，則為[21＋(4＋5＋6)]÷3＝12，因此其列或斜行

之數字和有 9、10、11、12 等四種可能；四種情形舉

例如下：（參見圖 3-7）。

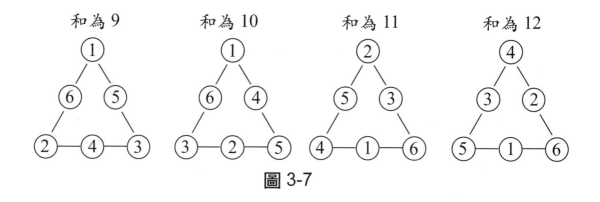

圖 3-7

1-n-05（基本加法運算）、1-a-01（等號一樣
多的意涵）、2-n-05（能作連加計算）。

小叮嚀……………………………………………………

邏輯性知識的學習過程，是需要透過經驗→察覺→理解→消化而

成為自己的一部分，教師要視課程內容的特性、難易程度來分配

教學時間，屬邏輯性的知識就必須花多一點時間進行有系統的嘗

試錯誤的演練，千萬不宜匆匆結束。

多采多姿的阿拉伯數字（二）

活動名稱

多采多姿的阿拉伯數字(二)

問😊：「下列不同國字代表不同的阿拉伯數字 0、1、2、

……、9，滿足整數的基本運算。太正點了！」

$$
\begin{array}{r}
趣\ 味\ 數\ 學\ 活\ 動 \\
\times)\qquad\qquad\qquad 動 \\
\hline
棒\ 棒\ 棒\ 棒\ 棒\ 棒
\end{array}
$$

😃：「動 × 動 ＝ 棒或動 × 動 ＝ 棒＋10 × n，n代表n個「十」

若動 ＝ 2，棒 ＝ 4，則趣 ＝ 味 ＝ 數 ＝ 學 ＝ 活 ＝ 2 不可行。真

是頭大！」

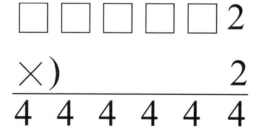

😎：「依照上述格式填入合理的數字，動 ＝ 7，則 7 × 7 ＝ 49，

棒 ＝ 9。掌握進位的概念，將不可行的解排除即可得到

下列參考解。太正點了！」

$$
\begin{array}{r}
142857 \\
\times)\qquad 7 \\
\hline
999999
\end{array}
$$

一、二、三年級

滿足兩個三位數相加之和為四位數的直式計算。

$$
\begin{array}{r}
ㄅ\ ㄊ\ ㄈ \\
+)\quad ㄉ\ ㄊ\ ㄈ \\
\hline
ㄉ\ ㄋ\ ㄆ\ ㄇ
\end{array}
$$

ㄅ、ㄆ、ㄇ、ㄈ、ㄉ、ㄊ、ㄋ可能的數字是 0、1、2、3、6、7、9且不重複。

1. 考慮個位數的直式計算，ㄈ+ㄈ＝ㄇ，可能進位或不進位。

2. ㄈ+ㄈ＝ㄇ，若不進位，則滿足 3+3 ＝ 6，推得ㄈ＝3、ㄇ＝6。

3. 考慮十位數的直式計算，包括進位或不進位情形分別為ㄊ+ㄊ＝ㄆ或ㄊ+ㄊ＝ㄆ+10，則ㄊ＝1、ㄆ＝2不進

位。

4. 考慮百位數的直式計算，ㄅ必為 9，進到千位數的ㄉ必為 1，如此ㄉ與ㄆ共用數字 1 不滿足不重複的條件。

5. 考慮十位數的直式計算進位的情形，滿足ㄊ+ㄊ＝ㄆ+10，則ㄊ＝ 7、ㄆ必須為 4，數字中沒有 4，不可行；ㄊ＝ 6、ㄆ必須為 2，與ㄇ共用 6 亦不可行。

6. 考慮個位數的直式計算進位的情形，則ㄈ+ㄈ＝ㄇ+10 滿足 6+6 ＝ 12，推得ㄈ＝ 6、ㄇ＝ 2， 此時ㄊ+ㄊ+1 ＝ㄆ+10 或ㄊ+ㄊ+1 ＝ㄆ，ㄊ＝ 3、ㄆ＝ 7，如此ㄅ＝ 9、ㄉ＝ 1、ㄋ＝ 0。

可行解為：

$$
\begin{array}{r}
936 \\
+)\ 136 \\
\hline
1072
\end{array}
$$

7. 類似題有六位數字乘以一位數字，積為六位數字，不同的國字代表不同的數字。

$$
\begin{array}{r}
趣\ 味\ 數\ 學\ 活\ 動 \\
\times)\qquad\qquad\quad 動 \\
\hline
棒\ 棒\ 棒\ 棒\ 棒\ 棒
\end{array}
$$

8. 考慮動 × 動 ＝棒或動 × 動 ＝棒 +10 × n，n 代表 n 個「十」。

動 =1，則 1 × 1=1 不可行，因為棒不能等於動。

動 =2，則 2 × 2=4，棒 =4。

動 =3，則 3 × 3=9，棒 =9。

動 =4，則 4 × 4=16，棒 =6。

動 =5，則 5 × 5=25，棒 =5。

動 =6，則 6 × 6=36，棒 =6。

動 =7，則 7 × 7=49，棒 =9。

動 =8，則 8 × 8=64，棒 =4。

動 =9，則 9 × 9=81，棒 =1。

若動 =2，棒 =4，則

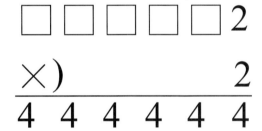

則趣 = 味 = 數 = 學 = 活 = 動 =2 不可行。

9. 再依上述方式討論，掌握進位的概念，將不可行的解
　　排除即可得到參考解為：

$$\begin{array}{r} 142857 \\ \times)\qquad 7 \\ \hline 999999 \end{array}$$

· 類似題：

1. 以不同的國字代表不同的阿拉伯數字 0, 1, 2, ……9，
並滿足下列式子的運算。

$$
\begin{array}{r}
學 \\
上\ 學 \\
樂\ 上\ 學 \\
+\ 快\ 樂\ 上\ 學 \\
\hline
4\ 6\ 8\ 8
\end{array}
$$

透過類似的討論，可行解為「快」＝3、「樂」＝8、
「上」＝2、「學」＝7。

2. 任意地將數字 1～8 不重複地填入空格中，滿足加減乘
除四則運算。

	−		=	
÷				+
‖				‖
	×		=	

　　參考解答：先處理除的運算，嘗試錯誤是解題及學習數
學必經的過程。（灰色部分為另一組參考解）

	6	−	5	=	1	
6	8	−	7	=	1	1
÷	÷				+	+
3	4				5	7
‖	‖				‖	‖
2	2	×	3	=	6	8
	2	×	4	=	8	

能力指標

1-n-01（「個位」、「十位」位名及位值的換算）、2-n-01（「百位」位名及位值的換算）、3-n-01（「千位」位名及位值的換算）、2-a-02（算式填充題及式子的關係）、3-a-01（解包括乘運算的算式填充題）、3-a-02（四位數以內加法直式計算）。

小叮嚀

迷思成因歸為二類，第一類為教學上的不足或錯誤所出現的迷思，第二類是學習者自行建構錯誤出現的迷思。對於第二類的迷思概念，學習者可能是多次學習仍學習錯誤或不恰當的類化比較、……等，我們可以利用不同的教學方法、利用舊有概念搭配新的數學定義來產生新的知識，或是產生認知衝突來幫助學童釐清迷思概念。

搶 30 的遊戲

活動名稱

搶30的遊戲

問 😀：「來玩數數的遊戲，由小到大依序說出每一個數字，說出數字 30 者獲勝，先說者一定會輸，太正點了！」

😀：「每人最多說兩個數字，我說『1、2』，你接著說『3』或『3、4』，我可以說『4』或『5、6』，依序接著說下去，真是頭大！」

😎：「不管你怎麼說，只要你先說，我就可以決定讓你輸或贏，太正點了！」

 一、二、三、五年級

　　可以自行約定遊戲規則，譬如：每人最多說兩個數字，自行決定或猜拳決定說者的先後順序，依序說出每一個數字，說出數字 30 者獲勝。

活動指導語

1. 說出 27 者，一定可以說出 30，因為說出 27 者，對方僅能說出「28」或「28、29」，不管是「28」或「28、29」，你可以說「29、30」或「30」，如此必獲勝；同理，要說出 27，就得先說出 24，如此推算下去，正好都是三的倍數，因此對方只要先說「1」或「1、2」，你接下去的數字為「2、3」或「3」，必能說出所有三的倍數，當然一定能說出數字 30 而獲勝。

2. 可以視為介紹倍數問題的熱身遊戲。

3. 為了增加趣味及挑戰，可以改為每人最多說三個數字，說出數字 39 者獲勝。同樣的道理，先說出 35 者就會贏，因為對方接下去可以說出的數字分別是「36」、「36、37」或「36、37、38」等，不論哪一種情形，說出數字 39 非你莫屬。如此依序推論出可能的情形，數字皆為被 4 除餘 3，最小的數字是 3，因此先答者只要說出「3」必能說出所有被 4 除餘 3 的數，當然一定也能說出數字 39 而獲勝。因此改變遊戲規則，先說者也可能會贏，完全決定於倍數概念上。

4. 改為每人最多說四個數字，說出數字 41 者獲勝，先說出 1、6、……、36 者會贏，原因與被 5 除餘 1 的數有關。

5. 類似的遊戲也可以是一堆石頭共 30 顆，每人最多取 2

顆，取得最後一顆石頭者獲勝，與數數的搶30的原理相同。

倍數概念

◎搶 30 的遊戲◎

1. 遊戲規則：

(1)兩個人一組。

(2)可自行決定或猜拳決定先後順序。

(3)每個人輪流依序說出一個或兩個數字，先說出數字 30 的人即獲勝。

(4)獲勝小技巧，先搶到 3 的倍數，並能持續搶到 3 的倍數的人就會贏。

2. 應用：

(1)可以任意更改所搶的數字，也可以更改每個人所能說的數字個數以加強倍數的概念，並增加趣味性。

(2)例：每人最多說三個數字，說出數字 42 者獲勝。

解析：每人最多說三個數字，則兩個人所說的數字個數加起來一定可以維持四個數字，而 $42 = 4 \times 10 + 2$，所以只要先搶到四的倍數加二，並持續下去，就會搶到 42 而獲勝。

1-n-01（能認識 100 以內的數）、3-n-04（能理解除法的意義，運用 ÷、＝作橫式記錄包括有餘數的情況）、5-n-03（能理解因數、倍數）。

小叮嚀 ....

邏輯性知識，要求的不是由餵食式或聽講獲得，所以透過一連串的複習是無法達成的。

親愛的！我把相乘變相加了

活動名稱

親愛的！我把相乘變相加了

問：「你知道為什麼 25 × 13 剛好是 13＋104＋208 嗎？真是頭大！」

：「104 是 13 的 8 倍，208 是 13 的 16 倍，都是乘數的倍數，13＋104＋208 剛好是 13 的 25 倍，太正點了！」

適用年級 二、三年級

活動內容 任意兩數相乘皆可化為一串數字的和，操作步驟如下：

以 25 × 13＝325 為例來說：

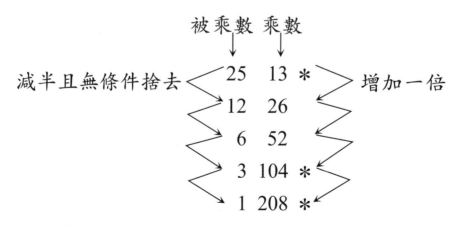

被乘數 乘數

減半且無條件捨去
25　13　*
12　26
6　52
3　104　*
1　208　*
增加一倍

＊代表被乘數為奇數者

將＊對應的乘數相加 $13+104+208=325$，正是 25×13 的乘積。

解析如下：

先求 25 的二進位表示法

$2\,|\,25....1$　　$25=2 \times 12+(1)$

$2\,|\,12....0$　　$12=2 \times 6+(0)$

$2\,|\,6......0$　　$6=2 \times 3+(0)$

$2\,|\,3......1$　　$3=2 \times 1+(1)$

　(1)

得到 $25=1 \times 2^4+1 \times 2^3+1 \times 2^0=16+8+1$，16 是二進位的第四位，8 是二進位的第三位，1 是二進位的第一位，因此 25 以二進位表示時，記為 $25=11001_{(2)}$

$\because 25=11001_{(2)}$

$\therefore 25 \times 13=(1 \times 2^4+1 \times 2^3+0 \times 2^2+0 \times 2^1+1) \times 13$

$\qquad\qquad=1 \times 208+1 \times 104+0 \times 52+0 \times 26+1 \times 13$

$\qquad\qquad=208+104+13=325$

上述＊對應的被乘數的位置為奇數，相當於二進位表示以「1」呈現，其餘為偶數者，相當於二進位表示以「0」呈現，0 表示被 2 整除的意思，當然 0 乘以任意數必為 0，得知 208 是 13 的 16 倍、104 是 13 的 8 倍、13 是 13 的 1 倍，所以 $208+104+13$ 就等於 13 的 25 倍。

另以 17×8 為例來說：

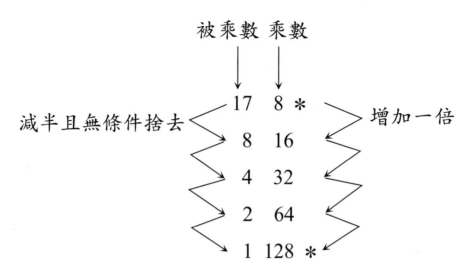

＊代表被乘數為奇數者。

將＊對應的乘數相加：8＋128＝136，正是 17×8 的乘積

∵17＝10001$_{(2)}$

∴17×8＝$(1 \times 2^4 + 0 \times 2^3 + 0 \times 2^2 + 0 \times 2^1 + 1) \times 8$

$\qquad = 1 \times 128 + 0 \times 64 + 0 \times 32 + 0 \times 16 + 1 \times 8$

$\qquad = 128 + 8 = 136$

被乘數與乘數互換，也行得通，13×25＝325 為例來說：

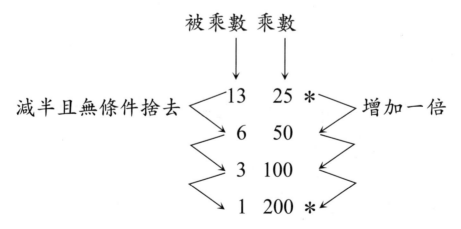

＊代表被乘數為奇數者。

將＊對應的乘數相加：25＋100＋200＝325，正是 25×13 的乘積。

　　200 是 25 的 8 倍、100 是 25 的 4 倍、25 是 25 的 1 倍，所以 200 ＋ 100 ＋ 25 等於 25 的 13 倍。

$$\because 13 = 1101_{(2)}$$

$$\therefore 13 \times 25 = (1 \times 2^3 + 1 \times 2^2 + 0 \times 2^1 + 1) \times 25$$
$$= 1 \times 200 + 1 \times 100 + 0 \times 50 + 1 \times 25$$
$$= 200 + 100 + 25 = 325$$

能力指標 2-n-01（能作位值單位換算），2-n-05（能作連加計算），2-n-06（能理解乘法的意義，使用×、＝作橫式記錄），3-n-03（解決二位數乘以二位數的乘法問題），3-n-04（能理解除法的意義，運用÷、＝作橫式記錄，包括有餘數的情況）。

小叮嚀·······································

引導者的角色除了應思考如何協助學生解決問題，同時也要扮演一名促進並激發學習者願意主動思考，並隨時給予經驗「認知衝突」的機會，透過同儕討論的過程中，逐漸修正、類化自己內在概念的基模。由此看來，教學者有必要深入探索學生所可能蘊釀的迷思概念及其原因，並尋求破解之道，如此才能耐心等待那「柳暗花明又一村」的學習喜悅。

條條大道通羅馬

活動名稱

條條大道通羅馬

數的比大、比小及其減的運算

問：「任意寫出一組數字不完全重複的三位數，例如
123，重排此三位數，找出重排後的最大數是 321 及最
小數是 123，最大數 321 減最小數 123 的差是 198。再
重排 198，找出重排後的最大數是 981 及最小數是 189，
再將最大數 981 減最小數 189，一直重複這樣的運算，
會有預期不到的結果，最後答案都是 495，太正點了！」

：「我寫的是 333，可是 333－333＝0，眞是頭大！」

：「333 是完全重複的三位數，只要將其中的一個數字 3
改成不是 3 就可以啦！用 331 試試看！太正點了！」

：「331－133＝198，981－189＝792，

972－279＝693，963－369＝594，

954－459＝495，眞是頭大！」

三、四年級

40

1. 任意寫出一組不完全重複的三位數。

2. 重排此三位數，若寫出的三位數的數字均不相同，則最多會排出六個不同的三位數，將這六個三位數進行比大小，找出最大數及最小數。

3. 接著進行三位數的減運算，將最大數減最小數，若相減的差小於100，則百位補零，重新得另一組三位數。

4. 重複上述 2.、3.步驟。

　　儘管同學剛開始寫的三位數不同，經過有限次的遊戲規則流程，將驚奇地發現，自己最終的答案與其他人一樣，均為 495，也許當中有計算錯誤，但只要有連續幾次的正確計算，都會計算出 495，只是遊戲規則所需流程的次數不同，猶如人的際遇不同，只要努力，行行皆可出狀元，條條大道均可通羅馬。

1. 心裡任想三個數字（規定此三數字不能完全相同）。

2. 將此三位數任意排列找出最大值、最小值。

3. 例如 056，最大為 650，最小為 056。

4. 將最大值減去最小值，得到新的三位數。

5. 重複上述動作。

6. 最後會算出 495 的三位數喔！

(1)為什麼會這樣呢？

假設 a, b, c 為最後一組的三位數字，且 $a \geq b \geq c$。若將這一組數字的最大數與最小數相減，得到另一組三位數 ABC，我們期待新產生的這一組三位數 ABC 與上一組三位數將會用到相同的三個數字，也就是所謂的「羅馬」。我們發現最後都在 495 這個三位數停下來，也就是 ABC 與 abc 的組成數字一樣。

因為 $a > b > c$

所以最大數 − 最小數 = abc − cba

$$
\begin{array}{r@{\quad}c@{\quad}c@{\quad}c}
 & a & b & c \\
- & c & b & a \\
\hline
 & (a-1-c) & 9 & (10+c-a)
\end{array}
$$

因為 a 最大，所以 a = 9 $\Rightarrow \begin{cases} a-1-c=9-1-c=8-c \\ 10+c-a=10+c-9=1+c \end{cases}$

假設 $\begin{cases} 8-c=b \\ 1+c=c \end{cases}$ 或 $\begin{cases} 8-c=c \\ 1+c=b \end{cases}$

$\Rightarrow 1+c = c \qquad\qquad \Rightarrow 8-c = c$

$\Rightarrow 1 = 0$（矛盾）$\qquad\qquad c = 4$

此假設不合乎所求 $\qquad\qquad b = 5$

$\qquad\qquad\qquad\qquad\qquad$ 此假設合乎所求

故得最後三數為 9, 5, 4，而 954 − 459 = 495

所以最後的三位數為 495。

(2)舉例說明：

①若同學寫出的三位數是 123。

②重排此三位數，六個不同的三位數分別為：123、132、213、231、312、321，將這六個三位數進行比大小，找出最大數是 321 及最小數是 123。

③相減的差是 198。

④重排 198，六個不同的三位數分別為 981、918、189、198、819、891，重排後的最大數是 981 及最小數是 189。

⑤相減的差是 792。

⑥持續計算下一次的數字依序為 693、594、495 等，發現 331 到 495 需要 5 個步驟，123 到 495 也需要 5 個步驟。若想到的三位數為 279，279 到 495 只需要 3 個步驟，不妨放手讓小朋友動筆找尋自己的羅馬。

(3)同樣的方法，如果是四位數呢？也會算出某組固定的數嗎？答案是肯定的。

心中任想四位數，且 $a>b>c>d$

$$
\begin{array}{r}
a\ b\ c\ d \\
-d\ c\ b\ a \\
\hline
A\ B\ C\ D
\end{array}
\qquad
\begin{aligned}
D &= 10+d-a \\
C &= 9+c-b \\
B &= b-1-c \\
A &= a-d
\end{aligned}
\qquad \rightarrow \qquad
\begin{cases}
A+B+C+D = 18 \\
A+D = 10 \\
B+C = 8
\end{cases}
$$

活動準則

A，B，C，D 可能組成如下：

A	B	C	D	A, B, C, D 之最大值－最小值
9	7	1	1	8532
9	6	2	1	8352
9	5	3	1	8172
8	5	3	2	6174
⋮	⋮	⋮	⋮	⋮
6	1	7	4	6174

$7641 - 1467 = 6174$，故 6174 為 ABCD 之解。

因此我們可以得知，心中任想一組不完全重複之四位數字，將其重排後之最大值與最小值相減，反覆相減幾次，最後的答案都是 6174。

此遊戲只要利用位值概念就可以解釋此現象，只要同學不計算錯誤，每人均可計算出 495，一直算錯的人會自動被要求多算，符合學習原則。為什麼是 495，這個問題自然激發同學主動找好多三位數進行驗算，過程中同學已將三位數的減運算及連結三位數的位值概念及三位數比大小的技巧弄熟了；原本枯躁的三位數的減運算變得有趣多了。

這個遊戲可以讓學生學習計算的能力，即使過程中計算錯誤，只要一直算下去最後會出現相同的數字，就像三位數的計算結果為 495 一樣。

能力指標 3-n-01（進行位值單位換算）、3-n-02（能熟練四位數以內的加減直式計算、及多重借位的運算）。

小叮嚀..

美國數學家安德赫：「我們現在教的是 2006 年的公民，現在教的根本不足以預備他們那時候的生存。」，因此培養孩子本身帶著走的能力比什麼都重要。

猜猜看我心裡想的數字是多少？

活動名稱

猜猜看我心裡想的數字是多少？

問 😀：「你心裡想一個介於 1～63 之間的數字，寫在紙
上，我可以猜出你想的數字哦，太正點了！」

😀：「我想好了，現在猜猜看，真是頭大！」

😀：「只要正確回答心裡想的數字，『有』或『沒有』出現
在下列六張投影片上，就可推知你心裡想的數字，太
正點了！」

· 1	3	5	7	9	11	13	15
· 17	19	21	23	25	27	29	31
· 33	35	37	39	41	43	45	47
· 49	51	53	55	57	59	61	63

· 2	3	6	7	10	11	14	15
· 18	19	22	23	26	27	30	31
· 34	35	38	39	42	43	46	47
· 50	51	54	55	58	59	62	63

• 4	5	6	7	12	13	14	15
• 20	24	22	23	28	29	30	31
• 36	37	38	39	44	45	46	47
• 52	53	54	55	60	61	62	63

• 8	9	10	11	12	13	14	15
• 24	25	26	27	28	29	30	31
• 48	49	50	51	52	53	54	55
• 56	57	58	59	60	61	62	63

• 16	17	18	19	20	21	22	23
• 24	25	26	27	28	29	30	31
• 48	49	50	51	52	53	54	55
• 56	57	58	59	60	61	62	63

• 32	33	34	35	36	37	38	39
• 40	41	42	43	44	45	46	47
• 48	49	50	51	52	53	54	55
• 56	57	58	59	60	61	62	63

 適用年級 三、四年級

 先邀請一位小朋友想一個介於 1～63 之間的數字，讓全班同學知道，只有教學者或演示者不知道，備妥六張投影片，分別為：

• 1	3	5	7	9	11	13	15
• 17	19	21	23	25	27	29	31
• 33	35	37	39	41	43	45	47
• 49	51	53	55	57	59	61	63

投影片 1

• 2	3	6	7	10	11	14	15
• 18	19	22	23	26	27	30	31
• 34	35	38	39	42	43	46	47
• 50	51	54	55	58	59	62	63

投影片 2

• 4	5	6	7	12	13	14	15
• 20	21	22	23	28	29	30	31
• 36	37	38	39	44	45	46	47
• 52	53	54	55	60	61	62	63

投影片 3

• 8	9	10	11	12	13	14	15
• 24	25	26	27	28	29	30	31
• 40	41	42	43	44	45	46	47
• 56	57	58	59	60	61	62	63

投影片 4

· 16	17	18	19	20	21	22	23
· 24	25	26	27	28	29	30	31
· 48	49	50	51	52	53	54	55
· 56	57	58	59	60	61	62	63

投影片 5

· 32	33	34	35	36	37	38	39
· 40	41	42	43	44	45	46	47
· 48	49	50	51	52	53	54	55
· 56	57	58	59	60	61	62	63

投影片 6

◎解析◎

一、數系之基底

1. 傳統的 10 進位，以 10 為基底。

例如：$137 = 1 \times 10^2 + 3 \times 10 + 7$。

2. 二進位則以 2 為基底。

例如：$101_{(2)} = 1 \times 2^2 + 0 \times 2 + 1 = 5$。

二、投影片之製作

1. 將 1～63 的數字分別化為二進位制。

例如 $26 = 11010_{(2)}$

算式：

$$
\begin{array}{r|l}
2 & 26 \quad \cdots\cdots 0 \qquad (26 \div 2 = 13 \cdots\cdots 0) \\
2 & 13 \quad \cdots\cdots 1 \qquad (13 \div 2 = 6 \cdots\cdots 1) \\
2 & 6 \quad \cdots\cdots 0 \qquad (6 \div 2 = 3 \cdots\cdots 0) \\
2 & 3 \quad \cdots\cdots 1 \qquad (3 \div 2 = 1 \cdots\cdots 1) \\
& 1
\end{array}
$$

$26 = 1 \times 2^4 + 1 \times 2^3 + 0 \times 2^2 + 1 \times 2^1 + 0 \times 2^0 = 11010_{(2)}$

將化出來的數放在投影片中

投影片 1 的數字為第一位數都有 1，即數字中有 1×2^0

投影片 2 的數字為第二位數都有 1，即數字中有 1×2^1

投影片 3 的數字為第三位數都有 1，即數字中有 1×2^2

投影片 4 的數字為第四位數都有 1，即數字中有 1×2^3

投影片 5 的數字為第五位數都有 1，即數字中有 1×2^4

投影片 6 的數字為第六位數都有 1，即數字中有 1×2^5

則 26 這個數字出現在投影片 2、4、5 中，不出現在投影片 1、3、6 中。

三、猜數字遊戲

例：猜數字 26

作法：演示者將投影片一張一張的問學習者心裡所想的數字有沒有在投影片上？得到的答案是投影片 2、4、5 有此數字，所以此數字以二進位表示得 $011010_{(2)}$
$= 0 \times 2^5 + 1 \times 2^4 + 1 \times 2^3 + 0 \times 2^2 + 1 \times 2^1 + 0 \times 2^0$
$= 26$

故猜數字為 26。

活動指導語

1. 二進位法的另一種思考：讓學生用實際的例子來想會更容易懂。

例如：蘋果每 2 個裝成一袋，每 2 袋裝成一盒，每 2

盒裝成一箱，每 2 箱裝成一大箱，每 2 大箱裝成一卡車。13 個蘋果則可裝成 0 卡車 0 大箱 1 箱 1 盒 0 袋 1 個，參見表 8-1，依此類推。

卡車	大箱	箱	盒	袋	個
					13
				6	1
			3	0	1
0	0	1	1	0	1

表 8-1

2.

第六張投影片	第五張投影片	第四張投影片	第三張投影片	第二張投影片	第一張投影片

以 1～63 的數字為例，一共可寫成 6 張投影片，而 1～63 的數字寫成二進位法會有 6 位數字，分別用 6 個格子來表示，每一格分別代表一張投影片，若心裡所想的數字有出現在第一張投影片，則該格就填上 1，也就是學生心裡想的數字的 2^0 為 1，若沒有出現在第一張投影片上則代表 2^0 為 0，以此類推，我們可以知道二進位的每個位值，由此來推知學生心裡所想的數字。

3. 可以讓學生試著找出每張投影片數字的排列規則，也可試著推想下一張投影片會是怎樣的排列方式。

4. 可依據學生年級不同、程度不同來調整數字的多寡。

歸納

1. 由於 $2^6 = 64$，我們可以佈題猜 1～63 中任一個數字，需要（6−1）張投影片數字卡，由此可推知，在 $2^n = P$ 的數字中，如果要猜 1～（P−1）中任何一數，需要 n 張投影片數字卡。

2. 如何快速寫出每張字卡中所有數字？提供一個方法如下：

第一張：$2^0 = 1$ 表示以 1 為開頭，一次寫 1 個數字，中間間隔 1 個數字。

第二張：$2^1 = 2$ 表示以 2 為開頭，一次連續寫 2 個數字，中間間隔 2 個數字。

第三張：$2^2 = 4$ 表示以 4 為開頭，一次連續寫 4 個數字，中間間隔 4 個數字。

第四張：$2^3 = 8$ 表示以 8 為開頭，一次連續寫 8 個數字，中間間隔 8 個數字。

第五張：$2^4 = 16$ 表示以 16 為開頭，一次連續寫 16 個數字，中間間隔 16 個數字。

第六張：$2^5 = 32$ 表示以 32 為開頭，一次連續寫 32 個數字，中間間隔 32 個數字。

3. 二進制中 1→有，0→沒有，可以設計一些判斷是否的
   遊戲。

 我們無法讓學習者體會位值概念應用在除法
運算的重要，因此將十進位改為二進位，學
習者缺乏位值概念，將深深體會缺乏位值概
念進行除法運算的窘境。

 3-n-01（進行位值單位換算），4-n-01（能透
過位值概念，延伸整數的認識到二進位，並
作位值單位的換算）。

小叮嚀 ....

「認知衝突」是製造學生對既存的概念知識感到不滿意（不滿足
於現存概念），再給予必要的幫助才能相悅以解。

9

不一樣的乘法

問 😀：「不是直式，也不是橫式的乘法運算，以 25 × 13 ＝325 為例來說，如表 9-1，你看懂了嗎？，太正點了！」

表 9-1

	2	5	
	0 / 2	0 / 5	1
	0 / 6	1 / 5	3
3	2	5	

😀：「被乘數 25 寫在第一列，右邊第一欄寫乘數 13，兩數相乘的答數寫在對應的方格中，兩數相乘的答數可能出現兩位數，因此將方格以對角線一分為二，分別記錄答數的個位及十位數字，例如：2 × 1 ＝2 即在空格中填上 0/2，5 × 3 ＝15 即在空格中填上 1/5，依此類推……真是頭大！」

：「只要增加方格的欄與列的數目，就可以計算更多位數
字的乘法計算，不會弄錯位置，保證計算正確，太正
點了！」

 三、四年級

　避免乘法直式計算時，容易將數字位置排錯造成算錯的
遺憾，提供格子自然方便定位，有別於直式或橫式的乘法運
算。

　稱上述的計算相乘方法為「格子定位法」，避免使用直
式計算乘法時，容易將數字位置排錯，格子定位法改善了上
述令人困擾的窘境。

1. 表 9-2 之乘數在左邊第一欄，表 9-3 所示乘數在右邊
第一欄。

2. 以 25 × 13 = 325 為例

表 9-2

	2	5
1	0／2	0／5
3	0／6	1／5
3	2	5

表 9-3

	2	5	
	0／2	0／5	1
	／6*	1／5	3
	3	2	5	

3.算法：(1)將被乘數 25 分別填入「第一列」的空格中，
　　　　　乘數 13 分別填入「第一欄」的空格中。

　　　　(2)分別將第一欄與第一列方格中的數字相乘。
　　　　　如：2×1＝2 即在空格中填上 0／2，5×3＝15
　　　　　即在空格中填上 1／5。

　　　　(3)將每小格中的斜線連接起來，以斜線為區隔，
　　　　　可區分出四個區域，分別將每個區域的數字
　　　　　相加，分別填入最後一列所對應的格子裡，
　　　　　最後一列的數字即為答案 325。

　　　　(4)表 9-3 優於表 9-2 的理由是，表 9-3 可避免兩

數相乘的乘積與乘數重疊在一起的現象，方便進行多位數的乘法計算。

◎格子定位法

(1) 25×13＝325

	2	5 (+1)	
	0＼2	0＼5	1
＼	0＼6	1＼5	3
3	2	5	

(2) 327×53＝17331

		3	2 (+1)	7 (+1)	
	＼	1＼5	1＼0	3＼5	5
	＼	0＼9	0＼6	2＼1	3
1	7	3	3	1	

(3) 49×292＝14308

		2 (+1)	9 (+2)	2 (+1)	
	＼	0＼8	3＼6	0＼8	4
	＼	1＼8	8＼1	1＼8	9
1	4	3	0	8	

能力指標 2-n-06（能理解乘法的意義、使用×、＝作橫式記錄）、3-n-03（解決二位數乘以二位數的乘法問題）、4-n-02（能熟練整數乘的計算）、4-n-04（能作整數四則混合計算）。

透過這個「有趣的數字遊戲」，可以讓學生學習計算的能力，當中也提供了學生「嘗試錯誤」的過程，無形中培養了學生獨立思考以及數學演繹的能力，真是一舉兩得，何樂不為。

猜心裡想的是誰

活動名稱

猜心裡想的是誰

問：「你心裡想一個同學的姓氏，寫在紙上，我可以
　　心電感應哦，太正點了！」

：「我想好了，現在猜猜看，真是頭大！」

：「下列有五張投影片，分別為：

```
・易　林　莊　溫
・康　陳　楊　劉
・繆　詹　顧　張
・許　吳　呂　卓
```

```
・何　林　江　溫
・高　陳　廖　劉
・魏　詹　龔　張
・盧　吳　馬　卓
```

・	王	莊	江	溫
・	曾	楊	廖	劉
・	蘇	顧	龔	張
・	蔡	呂	馬	卓

・	李	柳	高	陳
・	曾	楊	廖	劉
・	黃	許	盧	吳
・	蔡	呂	馬	卓

・	潘	繆	魏	詹
・	蘇	顧	龔	張
・	黃	許	盧	吳
・	蔡	呂	馬	卓

只要正確回答你心裡想的那個人的姓氏，『有』或『沒有』出現在各張投影片上，就能推知你心裡想的那個人，太正點了！」

 三、四年級

首先將班上所有人的姓氏加以編號，例如：易的代碼為

1，林的代碼為3，莊的代碼為5，溫的代碼為7，依此類推，如果出現同姓則分別以「姓（座號）」加予區別。

1	3	5	7	易	林	莊	溫
9	11	13	15	康	陳	楊	劉
17	19	21	23	繆	詹	顧	張
25	27	29	31	許	吳	呂	卓
2	3	6	7	何	林	江	溫
10	11	14	15	高	陳	廖	劉
18	19	22	23	魏	詹	龔	張
26	27	30	31	盧	吳	馬	卓

透過回答「有」或「沒有」出現在該張投影片上，相當於猜數字的二進位制的記法（參見活動8），透過該位值上的「1」或「0」表示，如此即可推算出此數字，再將數字轉換成對應之姓氏，即可得知其姓氏，知道所想之人是誰。

活動指導語

對於參加者以班級為單位，隨著不同的班級可以有不同的組合。例如：搭配名字對應數字，一則可以訓練數字的計算，並可應用位值概念在數的計算；二則透過數字與文字間的對應關係，可以練習記憶訓練。

能力指標 3-n-01（進行位值單位換算）、4-n-01（能透過位值概念，延伸整數的認識到二進位，並

作位值單位的換算）。

小叮嚀 ⋯⋯⋯⋯⋯⋯⋯⋯⋯⋯⋯⋯⋯⋯⋯⋯⋯⋯⋯⋯⋯⋯

1. 「認識」是學習的初期階段，強調觀察個例及經驗；「理解」
   是學習推廣的中期階段，強調概念的形成及驗證，「熟練」則
   在於解題程序之流暢。

2. 「認識」是在具體情形中進行，而「理解」與「熟練」則偏向
   抽象概念的形成。

多采多姿的阿拉伯數字（三）

活動名稱

多采多姿的阿拉伯數字㈡

問：「將阿拉伯數字0～9可重複的填入下列的空格□內，滿足整數除法的合理性，太正點了！」。

```
      □□□□□
   □□ □□□□□□
      □□
      □□
       □□
        □□
        □□□
        □□□
        □□□
          0
```

（資料來源：曹亮吉，阿草的葫蘆(下)：頁333）

☺：「先以下列較簡單的格式做做看，真是頭大！」

$$
\begin{array}{r}
112 \\
11{\overline{\smash{\big)}\,1232}} \\
\underline{11} \\
13 \\
\underline{11} \\
22 \\
\underline{22} \\
0
\end{array}
$$

☺：「依照原來格式填入合理的數字，太正點了！」

$$
\begin{array}{r}
20499 \\
21{\overline{\smash{\big)}\,430479}} \\
\underline{42} \\
104 \\
\underline{84} \\
207 \\
\underline{189} \\
189 \\
\underline{189} \\
0
\end{array}
$$

適用年級 四年級

活動內容 在□中放入阿拉伯數字，滿足整數除的直式計算。

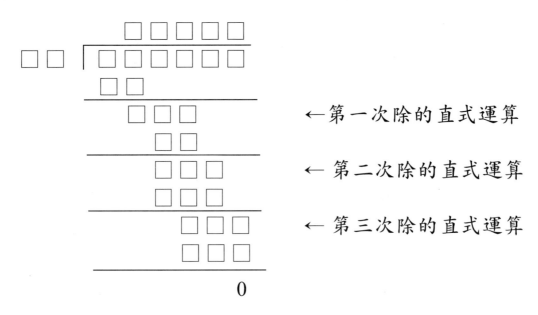

←第一次除的直式運算

←第二次除的直式運算

←第三次除的直式運算

0

圖 11-1

1. 放入□中的阿拉伯數字，滿足整數的習慣寫法，最左邊的空格不填入 0，例如 143 不能寫成 0143 或 00143。

2. 透過嘗試錯誤的經驗讓小朋友更加熟悉除的直式運算及估算能力。

3. 激發小朋友的創意思考，不會只是模擬、抄襲，培養學童的統整能力及發現數的規律性。

4. 參考之可行解為：

```
        20389                      10678
   33 | 672837              15 | 160170
        66                        15
        128                       101
         99                        90
        293                       117
        264                       105
        297                       120
        297                       120
          0                         0
```

5. 小朋友只要投入時間，可以呈現自己的創意，展現自己的成果，不受限於標準答案。

6. 先放入除數，接著放商數最左邊數字，透過除的直式計算可以知道被除數的最左邊相對應的兩位數字，完成第一次除的直式運算。

7. 依題意圖 11-1 可知第一次除的餘數必須為二位數，最後一次的除式運算，將第二次除所產生的餘數搭配被除數的個位數字形成的新的三位數又正好是除數的倍數，透過上述的運算使小朋友能夠熟悉除的傳統運算所需的知識，理解到熟練的認知層次也會更加紮實。

8. 關於除的直式計算必須使用到十進位的九九乘法表及正確的估算來進行估商，其中所具備的數學概念是需要加工的或重組的，其困難程度較高，稱此種數學概念為「次級概念」，學童學習此類數學知識無法經由強記或背誦來完成。必須透過摸索、覺知、理解，知

其所以然的道理，找尋舊知識的類化調適而形成新的數學概念，中間的溝通與人討論所產生的認知衝突是必經的路徑，教師應提供這樣的情境讓學生經由認識、理解至內蘊化的熟練層次，正如具體、半具體到抽象的學習基模的建立是必要的，千萬不宜揠苗助長，導致適得其反。

9. 數學的困難度會因為數字繁雜而增加，增加數量及位值都會使問題更具挑戰性，由除數的二位數改為三位數，調整如下：

$$
\begin{array}{r}
\square\square\square\square\square\square \\
\square\square\square\,)\overline{\square\square\square\square\square\square\square\square\square} \\
\underline{\square\square\square} \\
\square\square\square\square \\
\underline{\square\square\square} \\
\square\square\square \\
\underline{\square\square\square} \\
\square\square\square\square \\
\underline{\square\square\square\square} \\
0
\end{array}
$$

參考解：

```
              300314
    333 ) 100004562
          999
           1045
            999
             466
             333
            1332
            1332
               0
```

◎動動腦、想一想

```
              ×××××
    ×× ) ××××××
         ××
          ×××
           ××
            ×××
            ×××
             ×××
             ×××
               0
```

可能解：300324 ÷ 29 = 10356

```
          10356
    29 ) 300324
         29
         1 0 3
           87
          162
          145
          174
          174 0
            0
```

解題關鍵在於這個空格的數字要為 1，因為下一列是兩位數，唯有此格為 1，才會使下一列成為兩位數。

類似題

```
        ×××××
   ×× ) ××××××
        ××
        ×××
         ××
         ×××
         ×××
          ×××
          ×××
            0
```

$$
\begin{array}{r}
10899 \\
12\,\overline{)130788} \\
12 \\
\hline
107 \\
96 \\
\hline
118 \\
108 \\
\hline
108 \\
108 \\
\hline
0
\end{array}
\qquad
\begin{array}{r}
10182 \\
97\,\overline{)987654} \\
97 \\
\hline
176 \\
97 \\
\hline
795 \\
776 \\
\hline
194 \\
194 \\
\hline
0
\end{array}
\qquad
\begin{array}{r}
10799 \\
13\,\overline{)140387} \\
13 \\
\hline
103 \\
91 \\
\hline
128 \\
117 \\
\hline
117 \\
117 \\
\hline
0
\end{array}
$$

這樣的例子可以豐富小朋友的想像力，熟練九九乘法表的運用，無形中已強化了估算在除法運算中的重要性，從嘗試錯誤中體會估算在除法運算中的重要。

能力指標 4-n-02（熟練整數除的直式計算）、4-a-03（乘除互逆運用於驗算與解題）。

小叮嚀 ………………………………………………

給學生的練習題要精緻，要選擇對學生有實質幫助的題目喔！

12

有趣的數學遊戲：加減乘除
混合計算關於單位量的問題

活動名稱

有趣的數學遊戲：加減乘除混合計算關於單位量的問題

問：「如何解釋：3＋4＝5呢？太正點了！」

：「3雙鞋＋4隻鞋＝5雙鞋，真是頭大！」

：「2210÷2÷3＝？

解一：2210÷2÷3＝1105÷3＝368…1

解二：2210÷2÷3＝2210÷6＝368…2

　　　　　　　　　　　　　　　　　　　← 哪個解對呢？

太正點了！」

：「解一：2210（隻鞋）÷2÷3＝1105（雙）÷3

　　　　　　＝368（盒）…1

以實際生活中的例子來解釋：2隻鞋成一雙，每3雙鞋裝一盒，可裝成368盒，剩下一雙鞋。

解二：2210（隻鞋）÷2÷3＝2210（隻鞋）÷6

　　　　　　＝368（盒）…2

以實際生活中的例子來解釋：每6隻鞋裝一盒，共可裝368盒，剩下2隻鞋。真是頭大！」

 四、五年級

透過 3 ＋ 4 ＝ 5 的矛盾現象，提醒小朋友等號成立的先決條件是單位相同，明顯不同的單位是不能進行相加運算的，否則將會產生矛盾現象。

以描述性數學文字為例：

「一盤西瓜有 4 片，其中有 3 片是紅的；另一盤西瓜有 3 片，其中有 2 片是紅的。所以，這二盤西瓜共有 7 片，其中有 5 片是紅的，故 $\frac{3}{4} + \frac{2}{3} = \frac{5}{7}$」

一盤西瓜共 4 片，其中有 3 片是紅的 → $\frac{3}{4}$

一盤西瓜共 3 片，其中有 2 片是紅的 → $\frac{2}{3}$

二盤西瓜共 7 片，其中有 5 片是紅的 → $\frac{5}{7}$

所以 $\frac{3}{4} + \frac{2}{3} = \frac{5}{7}$

學生在認知上衝突，而產生了誤解。

· 問題癥結：(1)沒注意到單位量不同不可以做加減。

           (2)使用比值的思路造成的迷思概念。

分數本身具有多重意義，如比值、部份／全體、比例……等，若一個數學概念具有多重意義，會令人覺得困擾。

· 處理方式：老師想辦法製造誤解，利用學生的認知衝突去

導正他的錯誤觀念。

舊概念：$\frac{1}{2}$指的是一半　舊經驗：一半再加一半等於一個

以上一題的說法來看，$\frac{1}{2}+\frac{1}{2}$應該等於$\frac{2}{4}$，但事實上，其結果應該等於1，可見其方法有誤。

◎以單位化（unit）觀點來探討3＋4＝5的矛盾現象

看到3＋4＝5，你會想到什麼？
→3（雙鞋子）＋4（隻鞋子）＝5（雙鞋子）

3＋4＝5，要如何解釋呢？

其實只是單位的問題，我們可以看成3雙鞋＋4隻鞋＝5雙鞋。明顯的不同單位是不能進行相加運算的，此例只是提醒等號成立的先決條件是單位相同，否則將會產生矛盾的現象。

當我們把這些數字的計算式賦予單位後，一個不合理的計算式似乎就說得通了，這也說明了描述一個數量時，單位是很重要的。

國外學者以小學二年級的學生為研究樣本，發現受測者用實際生活中的例子來解釋 3（雙鞋子）＋ 4（隻鞋子）＝5（雙鞋子），二年級的學生很容易就可以懂了。

例子：考慮2210÷2÷3＝？

解一：2210÷2÷3＝(1105)÷3＝368……1

解二：2210÷2÷3＝(2210)÷6＝368……2

理由何在？正確解為何？

①$2210 \div 2 \div 3 = (1105) \div 3 = 368 \cdots\cdots 1$

②$2210 \div 6 = 368 \cdots\cdots 2$

上面的除法，哪一個是對的？答：兩者皆對。

以實際生活中的例子（鞋子）來解釋，則：

(1)在①這個算式中，$2210 \div 2 \div 3 = (1105) \div 3 = 368 \cdots\cdots 1$

　　指的是以下的命題：

　　「把2210隻鞋子，每2隻一雙，每3雙裝成一盒，共可

　　裝成368盒，剩下1雙。」

(2)在②這個算式中，$2210 \div 6 = 368 \cdots\cdots 2$指的是以下的

　　命題：

　　「把 2210 隻鞋子，每 6 隻裝成一盒，共可裝成 368

　　盒，剩下2隻。」

以除式的概念來詮釋，則：

　　①$2210 \div 2 = 1105$，$1105 \div 3 = 368 \cdots\cdots 1 \Rightarrow \dfrac{1105}{3} = 368\dfrac{1}{3}$

　　②$2210 \div 2 \div 3 = \underline{2210 \div (2 \times 3)} \Rightarrow \dfrac{2210}{6} = 368\dfrac{2}{6}$

　　　　　　　　　　　　　　　　$\downarrow$

　　　　　（連除兩數相當於除以此兩數之乘積）

發現$368\dfrac{1}{3} = 368\dfrac{2}{6} \Rightarrow 1 \times \dfrac{1}{3} = 2 \times \dfrac{1}{6}$

單位選擇「$\dfrac{1}{6}$」則單位數為2，等值於單位選擇為「$\dfrac{1}{3}$」，

單位數為 1。因此，解一、解二都是對的，只是兩者的

單位不同。

活動指導語　異分母分數的教學也會用到單位量的問題。

異分母分數的教學：思考 $\frac{3}{4}+\frac{2}{3}$ 為例。

◎離散量的觀點◎

利用 4 與 3 的最小公倍數是 12 來算：

一盒裝 12 個月餅，1 個月餅 $=\frac{1}{12}$ 盒

$$\frac{3}{4}=\frac{9}{12} \qquad \frac{2}{3}=\frac{8}{12}$$

$$\rightarrow \frac{3}{4}+\frac{2}{3}=\frac{9}{12}+\frac{8}{12}=\frac{17}{12}=1\frac{5}{12}$$

讓學生想想，以下佈題，括號中填入多少，比較好算呢？

「一盒巧克力有( )顆，小明吃了 $\frac{3}{4}$ 盒，小英吃了 $\frac{2}{3}$ 盒，

兩人一共吃了多少盒？」

配合圖解，讓小朋友經驗分數。最後，小朋友可以知道括號填入 12 比填入 6 好算。

◎連續量的觀點◎

先在縱的方向畫出 4 等分，在橫的方向畫出 3 等分，兩張投影片疊在一起，讓學生看到一個被細分成 12 小塊的圖表，數一數，即可知道 $\frac{3}{4}=\frac{9}{12}$、$\frac{2}{3}=\frac{8}{12}$。

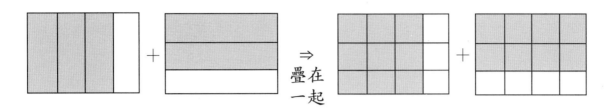

$$\frac{3}{4} \quad + \quad \frac{2}{3} \quad = \quad \frac{9}{12} \quad + \quad \frac{8}{12}$$

因此 $\frac{3}{4} + \frac{2}{3} = \frac{9}{12} + \frac{8}{12} = \frac{17}{12} = 1\frac{5}{12}$。

最後期望小朋友可以跳脫具體物「盒」，而直接進行不同單位量「$\frac{1}{12}$」，也就是通分或擴分來進行異分母分數的計算。

 4-a-01（能在具體情境中理解連除兩數相當於除以此兩數之積）、5-n-05（能用通分作簡單異分母分數的比較與加減）。

小叮嚀 ･･･

以適當的輔具配合得宜的教學引導，才能讓教學效益發揮極致。

13

多采多姿的阿拉伯數字(四)

活動名稱

多采多姿的阿拉伯數字㈣

問 :「用五個數字『5』，及可能的運算符號如：＋、

－、×、÷或（），使其答案數分別是 0、1、2、

……、10，太正點了！」

:「（5－5）×5×5×5＝0，眞是頭大！」

:「（5－5）×5＋5÷5＝1，太正點了！」

:「你還可以用四個阿拉伯數字 4 配合四則運算，使其值

分別為 1～10。眞是頭大！」

適用年級　四、五年級

用五個數字「5」及已學過的運算符號如：

＋、－、×、÷或（），使其值分別為 0、

1、2、…、10。

活動指導語

1. 用五個數字「5」及運算符號：×、－及（），得到
   $(5-5) \times 5 \times 5 \times 5 = 0$。

2. 用五個數字「5」及運算符號：（）、＋、÷、－，得到 $(5+5) \div 5 - 5 \div 5 = 1$。

3. 小朋友可發揮創意，依此類推來蒐集其他值為 $1 \sim 10$ 的等式。

4. 參考解答

   ・ $(5+5) \div 5 - (5-5) = 2$

   ・ $(5+5) \div 5 + (5 \div 5) = 3$

   ・ $(5+5+5+5) \div 5 = 4$

   ・ $5+5+5-5-5 = 5$

   ・ $(5 \times 5 \div 5) + (5 \div 5) = 6$

   ・ $(5 \times 5 + 5 + 5) \div 5 = 7$

   ・ $(5+5+5) \div 5 + 5 = 8$

   ・ $(5 \times 5 - 5) \div 5 + 5 = 9$

   ・ $(5 \times 5 + 5 \times 5) \div 5 = 10$

5. 可以將 5 改成 4 或 6，均可以進行四則混合計算。一則可以幫助小朋友活用運算符號，再則能讓數學的學習有趣又生活化。因為解題的動機明確，養成小朋友願意思考，主動探索的好奇心，讓數學知識落實於生活上的需要而產生，完成作答的小朋友有高度的成就

感，重拾學習數學的信心。

6. 以六個「6」為例可以有下列的參考解：

- $6 \times (6-6) - 6 \times (6-6) = 0$
- $(6 \div 6) + (6-6) \times (6+6) = 1$
- $6 - (6+6+6+6) \div 6 = 2$
- $6 \div 6 + 6 \div 6 + 6 \div 6 = 3$
- $(6+6) \div 6 + (6+6) \div 6 = 4$
- $(6+6+6+6+6) \div 6 = 5$
- $6 \times 6 \div 6 + (6-6) \times 6 = 6$
- $(6 \times 6 + 6) \div 6 + (6-6) = 7$
- $(6 \times 6) \div 6 + (6+6) \div 6 = 8$
- $(6+6) - (6+6+6) \div 6 = 9$
- $(6+6+6+6) \div 6 + 6 = 10$

7. 想想看以四個「4」計算會有哪些解，如此可以活化腦細胞，增進對數字的靈敏度並靈活的應用於解題上。

範例：用四個阿拉伯數字4，配合加減乘除的四則運算，使其計算的值為0～10。

$4-4+4-4=0$ $\qquad$ $4 \times 4 \div 4 \div 4 = 1$

$4 \div 4 + 4 \div 4 = 2$ $\qquad$ $(4+4+4) \div 4 = 3$

$(4+4) \div 4 + 4 = 6$ $\qquad$ $4+4+4 \div 4 = 9$

$4 \times (4-4) + 4 = 4$ $\qquad$ $4+4-4 \div 4 = 7$

$(44-4) \div 4 = 10$ $\qquad$ $(4 \times 4 + 4) \div 4 = 5$

$(4+4) \times 4 \div 4 = 8$

・規則

(1)列式：「4＋4－4－4＝0」，成立嗎？

(2)想想看也可以是：「4÷4－4÷4＝0」，發揮你的創意？還可以是什麼？

(3)仿照上式能創造出計算結果等於 1 的列式嗎？

(4)例如：4－4＋4÷4＝1，還可以是什麼？

(5)能創造出計算結果等於 2 的列式嗎？

(6)例如：4÷4＋4÷4＝2，還可以是什麼？

(7)能創造出計算結果等於 3、4、5、6、7、8、9、10 的列式嗎？

總結分析

1. 每個等式可能有多種不同的運算方法，只要合理，可以讓小朋友發揮他的創意。

例：$(4＋4)×4÷4＝8$

$(4＋4＋4)－4＝8$

$4×4÷4＋4＝8$

⋮

2. 除了四個 4，五個 5，六個 6 的四則混合運算外，還可將五個 5 改為五個 3 的四則運算。

例：$(3＋3)÷3－3÷3＝1$

$$(3+3) \div 3 + (3-3) = 2$$
$$(3+3) \div 3 + (3 \div 3) = 3$$
$$(3+3+3+3) \div 3 = 4$$
$$3 \div 3 + 3 \div 3 + 3 = 5$$
$$(3+3+3) \div 3 + 3 = 6$$
$$(3 \times 3 + 3) \div 3 + 3 = 7$$
$$3+3+(3+3) \div 3 = 8$$
$$(3+3+3) \times 3 \div 3 = 9$$
$$3+3+3+(3 \div 3) = 10$$

3. 把四則混合計算併入遊戲，讓孩子理解有括號在計算式的情形相當於掛急診的病號，具有最優先計算權，其次是乘除運算，再者是加減，不知不覺中讓小朋友體會運算符號先後順序的精熟學習成效，課後的學習單可以進一步問學童，可以套用在其他的數字達到相同的結果嗎?有興趣的同學可以進一步的進行練習，培養其樂意學習並思考問題及願意主動探索問題的勤學習慣，老師們應建立一個鼓勵的健全制度，以提高小朋友的學習興趣。

心得

透過這個遊戲，譬如以透過四個數字「4」的列式活動，讓同學熟悉四則運算及數學符號的內涵，進而可以正確列式，避免計算錯誤。進而可以把四則混合計算併入遊戲中，

讓孩子懂得重要的數學算則，「先乘除後加減」及「有括號者先算」的規定，不知不覺中達到精熟學習的功效，或許在佈題時，可以進一步問小朋友，除了上述的情形之外，嘗試用其他數字達到同樣的樂趣，讓有興趣的小朋友在課後可以進一步去創意並熟練數的運算。

能力指標 4-n-04（四則混合運算）、5-a-01（理解乘法對加法的分配律）

小叮嚀 ......

進行遊戲或活動時，導引者宜提供夠用的所有可能解題技巧或相關之類型，使學習者得以安心、安全地快樂學習。

14

以不變應萬變的循環小數

活動名稱

以不變應萬變的循環小數

奇妙的 142857 及分數與小數的化簡

問 ：「不必使用計算器，可以看出 142857 × 43 ＝6142851，太正點了！」

：「142857 是六位數，43 是二位數，是比賽心算嗎？真 是頭大！」

：「不是心算啦，是奇妙有趣的 142857 啦！由圖 14-1 發 現 142857 的一至六倍，正巧依著 142857 的順序排列， 太正點了！」

142857 × 1 ＝ 142857

142857 × 2 ＝ 285714

142857 × 3 ＝ 428571

142857 × 4 ＝ 571428

142857 × 5 ＝ 714285

142857 × 6 ＝ 857142

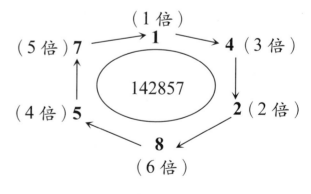

圖 14-1

$142857 \times 7 = 999999$

142857×43

$= (142857 \times 7 \times 6) + 142857 \times 1$

$= (999999 \times 6) + 142857$

$= (1000000 - 1) \times 6 + 142857$

$= 1000000 \times 6 + (142857 - 6)$

$= 6142851$

 四、五年級

 透過 142857 的特殊規律，快速算出 142857 的倍數值。

1. 同學自己在白紙上計算 142857 的倍數：

$142857 \times 1 = ?$

$142857 \times 2 = ?$

$142857 \times 3 = ?$

$142857 \times 4 = ?$

$142857 \times 5 = ?$

$142857 \times 6 = ?$

$142857 \times 7 = ?$

2. 請同學說說看發現了什麼？

$$142857 \times 1 = 142857$$

$$142857 \times 2 = 285714$$

$$142857 \times 3 = 428571$$

$$142857 \times 4 = 571428$$

$$142857 \times 5 = 714285$$

$$142857 \times 6 = 857142$$

$$142857 \times 7 = 999999$$

3. 可以發現 142857 的一倍至六倍的倍數值，都是一樣由 1、4、2、8、5、7 這六個數字組成，只是排列位置不同；142857 的七倍則是 999999。

4. 利用分數與小數的化簡計算，驗證分數化為循環小數的循環節是 142857。

5. 實例應用：

(1)計算 142857×15 ？

(2)計算 142857×24 ？

(3)發現 $142857 \times 15 = 2142855$，$142857 \times 24 = 3428568$

142857×15

$= 142857 \times 7 + 142857 \times 7 + 142857 \times 1$

$= 999999 + 999999 + 142857$

$= 1000000 + 1000000 + (142857 - 2)$

$= 2142855$

142857×24

$\qquad = (142857 \times 7 \times 3) + 142857 \times 3$

$\qquad = 999999 + 999999 + 999999 + 428571$

$\qquad = 3000000 + (428571 - 3)$

$\qquad = 3428568$

(4)聰明的同學，你可以不用計算來類推 $142857 \times 29 = $？
或 142857×19？

心得

數學之可貴在於類推的美，這種美是自然存在的。縱向的連結就是要把這種自然的內在美表現出來，讓同學體會並能聯想。

以下說明由 $\dfrac{1}{7}$ 是 $0.\overline{142857}$ 的循環小數導出 $\dfrac{1}{7}$ 其他倍數的循環小數值，揭開 142857 倍數值的循環現象。同理也可應用在其他的質數問題的探討上，一則可以做為計算練習的素材，二則可以窺見循環小數的奇妙。

$\dfrac{1}{7} = 0.\overline{142857}$

$$\dfrac{2}{7} = \dfrac{20000}{70000} = \dfrac{1 + 7 \times 2857}{70000} = \dfrac{(1 + 7 \times 2857) \times \frac{1}{7}}{70000 \times \frac{1}{7}} = \dfrac{\frac{1}{7} + 2857}{10000}$$

$$= \dfrac{\frac{1}{7}}{10000} + \dfrac{2857}{10000} = \dfrac{0.\overline{142857}}{1000} + 0.2857$$

$$= \frac{0.\overline{142857}}{10000} + 0.2857 = 0.0000\overline{142857} + 0.2857$$

$$= 0.2857142857142857\cdots\cdots$$

$$= 0.\overline{285714}$$

$$\frac{3}{7} = \frac{300000}{700000} = \frac{1+7\times42857}{700000} = \frac{0.\overline{142857}}{100000} + 0.42857$$

$$= 0.42857142857142857\cdots\cdots$$

$$= 0.\overline{428571}$$

$$\frac{4}{7} = \frac{400}{700} = \frac{1+57\times7}{700} = \frac{\dfrac{1}{7}}{100} + \frac{57}{100} = \frac{0.\overline{142857}}{100} + 0.57$$

$$= 0.57142857142857\cdots\cdots$$

$$= 0.\overline{571428}$$

同理可得知：

$$\frac{5}{7} = 0.\overline{714285}$$

$$\frac{6}{7} = 0.\overline{857142}$$

$$\frac{7}{7} = 0.\overline{999999} = 0.\overline{9} = 1$$

註：(1) $0.\overline{9} = 0.9 + 0.09 + 0.009 + \cdots\cdots$，為首項$=0.9$、公比

$=0.1$ 之無窮等比級數，其和$= \dfrac{0.9}{1-0.1} = 1$

(2)

$$
\begin{array}{r}
0.9\,9\,9\,9\cdots\cdots \\
1\,\overline{)\,1\,0} \\
9 \\
\hline
1\,0 \\
9 \\
\hline
10 \\
9 \\
\hline
10 \\
9 \\
\hline
1
\end{array}
$$

故 $\dfrac{1}{1}=0.9999\cdots\cdots$

$1=0.\overline{9}$

(3)一開始設定 $\dfrac{4}{7}=\dfrac{400}{700}$ 是因為 $400\div 7=57$ 餘 1，要

讓餘數等於 1 才能推出 $\dfrac{1+7\times 57}{700}=\dfrac{\frac{1}{7}}{100}+\dfrac{57}{100}$。

另一個關於 142857 的特別之處，即當 142857 乘以七的

倍數加 1 的數時，其百萬位為其倍數之數字，而其個位則為

7 減 掉 其 倍 數。例：$142857\times 15=142857\times(7\times 2+1)$

$=2142855$，其中倍數 2 補至第一位，而個位則由 $7-2=5$ 替

換，其餘不變。以此類推

得到 $142857\times 22=142857\times(7\times 3+1)=3142854$

$142857\times 29=142857\times(7\times 4+1)=4142853$

$142857\times 36=142857\times(7\times 5+1)=5142852$

$\vdots$

發現規則了嗎？

 4-n-08（來做簡單分數與小數的互換）、
4-n-10（能用直式處理整數除以整數的運
算）、5-n-08（能認識多位小數）。

 小叮嚀..

進行教學時，不要急於切入主題，要營造適切的學習環境，引起
學習者的學習動機，提供學習者自己摸索的機會！

15

多采多姿的阿拉伯數字（五）

多采多姿的阿拉伯數字(五)

問：「將阿拉伯數字 1～9 不重複地放入下列□中，滿足其和為 1，真是頭大！」

$$\frac{\square}{\square\square}+\frac{\square}{\square\square}+\frac{\square}{\square\square}=1$$

：「$\frac{9}{18}+\frac{6}{24}+\frac{7}{35}$ 差一點，太正點了！」

：「$\frac{9}{18}+\frac{6}{24}+\frac{7}{35}$ 剛好是 0.95，調整數字使其值更大，分數的分母愈小，分數就愈大，真是頭大！」

：「$\frac{9}{15}+\frac{7}{32}+\frac{8}{46}$ 接近 1，太正點了！」

 四、五年級

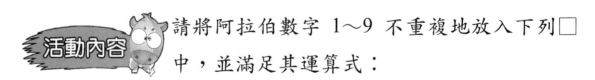 請將阿拉伯數字 1～9 不重複地放入下列□中，並滿足其運算式：

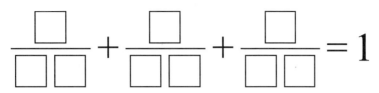

$$\frac{\square}{\square\square} + \frac{\square}{\square\square} + \frac{\square}{\square\square} = 1$$

（式中可以呈現分數的原樣，不要求以最簡分數的有理數出現）

1. $\dfrac{1}{2} = \dfrac{9}{18}$（5-n-04 擴分為等值分數）。

2. $1 - \dfrac{1}{2} = \dfrac{1}{2}$ 且阿拉伯數字 1～9 用掉了 1、8、9。

3. 尚有 2、3、4、5、6、7 可用，組合後的分數和不超過 $\dfrac{1}{2}$。

4. $\dfrac{1}{4} = \dfrac{6}{24}$，$\dfrac{1}{5} = \dfrac{7}{35}$（同 5-n-04），$\dfrac{1}{4} + \dfrac{1}{5} = \dfrac{9}{20}$（5-n-05 通分）

5. $\dfrac{9}{18} + \dfrac{6}{24} + \dfrac{7}{35} = 0.95 < 1$（4-n-08 分數、小數的換算）

6. 各組比比看，哪一組所找的最接近 1 或等於 1。

7. 透過嘗試錯誤的經驗，由 $\dfrac{1}{2}$、$\dfrac{1}{3}$、$\dfrac{2}{3}$、$\dfrac{1}{4}$、$\dfrac{2}{4}$、$\dfrac{3}{4}$、……出發將有不同的成就感，從中體會分數、小數的換算，分數的擴分及通分的運算，完成九年一貫的能力指標 4-n-08、5-n-04、5-n-05 的部分數學概念。若開始時取 $\dfrac{1}{2} = \dfrac{6}{12}$，則尚有 3、4、5、7、8、9 可用，選擇

$\dfrac{7}{35}=\dfrac{1}{5}$，只要不超過 $1-\dfrac{1}{2}-\dfrac{1}{5}=\dfrac{3}{10}$ 即可，剩下 4、

8、9 配成 $\dfrac{9}{48}$、$\dfrac{4}{89}$、$\dfrac{8}{49}$、……皆可。

8. 當分數間的擴分、通分不易計算時，分數與小數間的換算是必要的，包括了小數的加法及概算的數學知識，過程中練習佈題的重點，解題過程中激發學生應用所學的數學概念進行統整及數學內部概念的縱向連結活動。

9. 等於 1 的參考解，是出現在 $\dfrac{3}{4}=\dfrac{9}{12}$，相當於 $\dfrac{51}{68}$，尚餘 $\dfrac{17}{68}$，保留 $\dfrac{7}{68}$，將 $\dfrac{10}{68}$ 化為 $\dfrac{5}{34}$ 的等值分數，於是得到 $\dfrac{9}{12}+\dfrac{5}{34}+\dfrac{7}{68}=1$。

10. 由於能力指標的適用年級為四、五年級，教師可在適當機會安排在課間進行或課後學習單的練習。

11. 三個分數相加的結果，依離散數學的排列來計算，最多共有 9! 的可能解，可提供較接近 1 或較接近 0 的參考解給學生參考，$\dfrac{9}{15}+\dfrac{7}{32}+\dfrac{8}{46}\fallingdotseq 0.992663\cdots\cdots$ 的混循環無限小數，或 $\dfrac{1}{54}+\dfrac{2}{76}+\dfrac{3}{98}\fallingdotseq 0.0754464\cdots\cdots$ 的混循環無限小數。

總結分析

$$\frac{\square}{\square\square}+\frac{\square}{\square\square}+\frac{\square}{\square\square}$$

1. 三個分數相加的結果，根據組合計算，共有 9！種，

任舉以下三例：

$$\frac{9}{72}+\frac{8}{64}+\frac{3}{15}=0.45<1$$

$$\frac{9}{16}+\frac{7}{32}+\frac{8}{45}=0.959<1$$

$$\frac{9}{15}+\frac{7}{32}+\frac{8}{46}=0.9927<1$$

2. 結果剛好等於 1 的情形：

$$\frac{5}{34}+\frac{9}{12}+\frac{7}{68}=1$$

心得

透過這個活動，可以讓學生進行分數的擴分、通分的計算，必要時會進行商為純小數的除法練習，進而利用小數加法、概算等知識的統整。算出這個式子的答案並不是最終目的，而是概念統整的過程，過程中的練習才是佈題的重點，讓學習者在解題過程中，利用所學的辦法解出來。

能力指標　4-n-08（分數、小數的換算）、5-n-04（擴分）、5-n-05（通分）。

小叮嚀 ....

1. 進行教學時，不要太早切入主題，應先營造優質的學習環境，引起學生強烈的學習動機，願意主動思考、情願學習，如此教師只要提供機會讓學生自己去摸索即可，自然樂在其中！

2. 演算能力，為數學的基本功。奠定穩固的基礎，也是精緻且多元的課後學習單的重要素材。

16

有趣的數字：數字的規律

活動名稱

有趣的數字：數字的規律

哪些數字適合照鏡子？

問：「12 × 12 = 144，照了鏡子後，在鏡面的虛像看
到，441 = 21 × 21，這個算式也是正確的，為什麼？，
太正點了！」

鏡子

12 × 12 = 144　　　441 = 21 × 21

註：兩個恆等式的數字順序，剛好倒過來寫，並均滿
足數的乘法運算。

：「112 × 112 = 12544，照了鏡子後，在鏡面的虛像看到
44521 = 211 × 211，也是對的，但是 14 × 14 = 196，照
了鏡子後，鏡面的虛像中得到 691 = 41 × 41 卻不是合理
的乘法等式，真是頭大！」

鏡子

112 × 112 = 12544　　　44521 = 211 × 211

14 × 14 = 196　　　　　691 = 41 × 41

註：$41 \times 41 = 1681$，$691 \neq 41 \times 41$ 不是合理的等式，所以 14 不適合照鏡子。

 ：「鏡射的現象是會讓數字左右相反，所以數字的組合必須要滿足(1)單一個數字平方不可以變成二位數。(2)任兩數字的乘積不可大於5，因此在 1、2、3 中任選任排並避開 2 和 3 同時選，理由是 $2 \times 3 = 6$ 將超過 5，不滿足上述條件。如此皆可以產生鏡射效應，所以有些數字是適合照鏡子的，太正點了！」

適用年級 四、五年級、國一或國二

活動內容

從二位數來說，若十位數字為 x、個位數字為 y，則

$$(10x+y)^2 = \boxed{x^2} \cdot 100 + \boxed{2xy} \cdot 10 + \boxed{y^2}$$

數字倒過來的
結果為

$$(10y+x)^2 = \boxed{y^2} \cdot 100 + \boxed{2xy} \cdot 10 + \boxed{x^2}$$

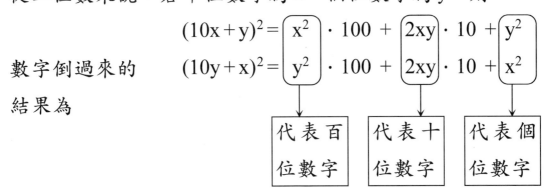

代表百位數字　代表十位數字　代表個位數字

所以，可以產生倒過來寫等式依然正確的數字組合必須要：

1. 單一個數字的平方不可大於 10，因為超過 10 將包括兩個數字，因此十位數字及個位數字的平方均不能進位，即 $x^2 < 10$ 且 $y^2 < 10$。

　如：$3 \times 3 = 9$ 為不進位，$4 \times 4 = 16$ 為進位，進位會使

鏡射現象的數字組合結果不正確。

2. 任兩數字的乘積不可大於 5，因為 2xy 不能進位，即
   2xy 不超過 10，因此 xy 不超過 5。

以上推得在 1、2、3 中任選任排並避開 2 和 3 同時選，
即可以產生鏡子效應。

例如：121111 × 121111 其結果必等於 111121 × 111121 的
鏡子反射數排列。

111121 × 111121 = 12347876641

121111 × 121111 = 14667874321

小朋友，想想看還有哪些數字組合是適合照鏡子的呢？
並幫忙驗算看看鏡子兩邊的數字等式都正確嗎？

4-a-04（能用中文簡記式表示正方形的面積
公式）、5-s-04（能認識線對稱，並理解簡單
平面圖形的線對稱性質）、8-n-05（理解數
的規則性）。

小叮嚀 ……………………………………………………

編排教材時，必須考量孩子的「可能發展區」的界線，尊重孩子
的解法，讓他們以「腦中認為最精緻的方法」來學習，這樣的知
識對他們來說才有意義。

17

有趣的數字：應用奇妙的
142857

活動名稱

有趣的數字：應用奇妙的 142857

奇妙的錯誤

問：「$13^2 \cdot 7857142\frac{6}{7}=1327857142\frac{6}{7}$，打字員把 13^2 的「2」忘了上標，「·」代表的乘法運算也漏打了，經仔細驗算，發現雖然打字員忘了上標「2」及漏打了乘法運算符號「·」，但答案竟然一樣，太正點了！」

：「$2^5 \cdot \frac{25}{31}=25\frac{25}{31}$，打字員把 2^5 的「5」忘了上標，「·」代表的乘法運算也漏打了，$2^5=32=(31+1)$，因此 $2^5 \cdot \frac{25}{31}=(31+1)\times\frac{25}{31}=31 \cdot \frac{25}{31}+\frac{25}{31}=25\frac{25}{31}$，眞是頭大！」

：「也可以是

$13^2 \cdot 7857142857142\cdots\cdots\frac{6}{7}=1327857142\cdots\cdots\frac{6}{7}$

……表示無窮多項也都正確，太正點了！」

$$\frac{6}{7} = 0.\overline{857142}$$

$$13^2 \cdot 7\frac{6}{7} = 1327\frac{6}{7}$$

$$13^2 \cdot (7.\overline{857142}) \times 10 = 1327.\overline{857142} \times 10 \quad （同 \times 10）$$

$$13^2 \cdot (78.\overline{571428}) = 13278.\overline{571428}$$

$$13^2 \cdot \left(78\frac{4}{7}\right) = 13278\frac{4}{7}$$

 適用年級 五、六年級、國一、國二

 活動內容

打字員漏打了乘號「·」且沒有把次方上標，運算式仍然是正確的，此資料來源為西元 1958 年數學學者在數學期刊所分享的趣味數學（參考《科學教育月刊》52 期第 56 頁引自 H.E. Dudeney 1958 年在《數學期刊：*Amusements in mathematics*》），有趣的是這樣的例子還不少呢！列舉如下：

$$11^2 \cdot 9\frac{1}{3} = 1129\frac{1}{3}$$

$$31^2 \cdot 325 = 312325$$

$$2^5 \cdot \frac{25}{31} = 25\frac{25}{31}$$

$$21^2 \cdot 4\frac{9}{11} = 2124\frac{9}{11}$$

$$73 \cdot 9 \cdot 42 = 7 \cdot 3942$$

$$13^2 \cdot 7\frac{6}{7} = 1327\frac{6}{7}$$

$$13^2 \cdot 7857142\frac{6}{7} = 1327857142\frac{6}{7}$$

$$13^2 \cdot 7857142857142\frac{6}{7} = 1327857142857142\frac{6}{7}$$

$$13^2 \cdot 7857142857142\cdots\cdots\frac{6}{7} = 1327857142857142\cdots\cdots\frac{6}{7}$$

活動指導語

連結已有的數學概念，欣賞數學的美。一則可以透過計算培養數感，二則透過規律欣賞數學的美。

$$13^2 \cdot 7857142\frac{6}{7} = 1327857142\frac{6}{7}$$

上述運算式的預備知識為：

① $\frac{6}{7} = 0.\overline{857142}$

② $13^2 \cdot 7\frac{6}{7} = 1327\frac{6}{7}$（直接計算驗證）

由②為起點：$13^2 \cdot 7\frac{6}{7} = 1327\frac{6}{7}$

將①代入：$13^2 \cdot (7.\overline{857142}) = 1327.\overline{857142}$

⇒等式兩邊同乘10^6

$13^2 \cdot (7857142.\overline{857142}) = 1327857142.\overline{857142}$

⇒$13^2 \cdot \left(7857142\frac{6}{7}\right) = 1327857142\frac{6}{7}$得證

同理，等式兩邊同乘10^{12}可得下列等式：

$$13^2 \cdot 7857142857142\frac{6}{7} = 1327857142857142\frac{6}{7}$$

以此類推可得：

$$13^2 \cdot 7857142857142\cdots\cdots\frac{6}{7} = 1327857142857142\cdots\cdots\frac{6}{7}$$

即等式兩邊同乘 10^{6n}，$n \leftarrow N$，可得下列等式

等式：$13^2 \cdot 7\frac{6}{7} = 1327\frac{6}{7}$

$\boxed{\times 10^6} \rightarrow 13^2 \cdot 7\underbrace{857142}_{\text{增加 6 個數}}\frac{6}{7} = 1327857142\frac{6}{7}$

$\boxed{\times 10^{12}} \rightarrow 13^2 \cdot 7\underbrace{857142857142}_{\text{增加 12 個數}}\frac{6}{7} = 1327857142857142\frac{6}{7}$

$\vdots$

$\boxed{\times 10^{6n}} \rightarrow 13^2 \cdot 7\underbrace{857142857142\cdots\cdots}_{\text{增加 6n 個數}}\frac{6}{7}$

$= 1327857142857142\cdots\cdots\frac{6}{7}$

由以上可知，等式兩邊同乘 10^{6n}，所得之新等式為在 $13^2 \cdot 7$ 和 $\frac{6}{7}$ 之中間插入 n 組 857142。

同理我們可以獲得等式兩邊同乘 10^{6n+1}，$n \in N$，也有同樣的情況發生。說明如下：

等式：$13^2 \cdot 7\frac{6}{7} = 1327\frac{6}{7}$

$\boxed{\times 10^1} \rightarrow 13^2 \cdot 78\frac{4}{7} = 13278\frac{4}{7}$

$\boxed{\times 10^7} \rightarrow 13^2 \cdot 78\underline{571428}\frac{4}{7} = 13278\underline{571428}\frac{4}{7}$

$\boxed{\times 10^{13}} \rightarrow 13^2 \cdot 78\underline{571428}\,\underline{571428}\frac{4}{7} = 13278\underline{571428}\,\underline{571428}\frac{4}{7}$

⋮

結論：等式 $13^2 \cdot 7\frac{6}{7} = 1327\frac{6}{7}$ 兩邊同乘以 10 的不同次方，將有不同的奇妙錯誤。而其所增加的數字與 142857 有關，並且有循環的關係。

啟示：

1. 提供雜亂的計算練習，進而尋找一些計算上的規律。

2. 分數與小數的換算與無窮小數有其存在的價值。

3. 數學起源於需要，而「連結」不只是單向的數學應用，在教學上不要只在意形式公式，而應該注重公式將來是如何被應用。

4. 連結：

$142857 \times 1 = 142857$ $142857 \times 4 = 571428$

$142857 \times 2 = 285714$ $142857 \times 5 = 714285$

$142857 \times 3 = 428571$ $142857 \times 6 = 857142$

由 $\frac{1}{7} = 0.\overline{142857}$ 及 $\frac{1}{7}$ 的倍數與 142857 的倍數對應關係將可發現更多有趣的奇妙錯誤。

 4-a-03（能理解乘並運用於驗算與解題）、6-a-01（能理解等量公理）、8-n-06（能觀察出數列的規則性）。

18

多采多姿的阿拉伯數字（六）

多采多姿的阿拉伯數字㈥

問：「將阿拉伯數字 1～9 不重複的填入 3×3 的九宮格內，滿足各行、各列及兩對角線上的數字和均相同，太正點了！」

「

1	2	3
4	5	6
7	8	9

眞是頭大！」

「第一列是 1+2+3＝6，第二列 4+5+6＝15，第一列不等於第二列，因此不滿足數字和相同的條件，調整數字，太正點了！」

4	9	2
3	5	7
8	1	6

適用年級 五、六年級

活動內容

　　將阿拉伯數字 1～9 不重複的填入 3×3 的九宮格內，滿足各行、各列及兩對角線上的數字和均相同。

活動指導語

1. 容許小朋友任意填寫，從嘗試錯誤中檢驗解的合理性（參見圖 18-1）。

1	2	3
4	5	6
7	8	9

圖 18-1

2. 第一列是 $1+2+3=6$，第二列 $4+5+6=15$，第一列不等於第二列，因此不滿足數字和相同的條件，此解不合理。

3. 不重複的將數字 1～9 放入九個空格中，可以發現全部數字總和是 $1+2+3+4+5+6+7+8+9=45$。又要滿足各行數字和相同，因此 $45÷3=15$，得知每行的數字

和為 15。

4. 調整圖 18-1 的部分位置，從數字和為 15 的角度出發，想想看，從數字 1～9 中任取哪三個數字總和等於 15。

5. 可以有下列的組合：

$3+3+9=15\cdots$(a)

$3+4+8=15\cdots$(b)

$3+5+7=15\cdots$(c)

$3+6+6=15\cdots$(d)

(b)、(c)是組合後數字和等於 15 且包括數字「3」的兩種情形。(a)、(d)雖仍然包括數字「3」，但分別重複了數字「3」及「6」，因此不滿足條件中不重複的前提，所以對數字「3」而言，配合 1～9 個數字，有兩種可能的組合情形。

6. 對照九個空格的相對位置，考慮位在正東、正西、正南、正北的方位空格，以「正東」為例，發現第三行及第二列兩種可以組合為總和為 15 的情形（參見圖 18-2）。

西北	北	東北	←第一列
西	中央	東	←第二列
西南	南	東南	←第三列

第
一
行

第
二
行

第
三
行

圖 18-2

7. 綜合 5.、6.的結論，我們應該把「3」放在正東、正西、正南、正北的其中一個方位上。

8. 依此類推，「4」＋5＋6＝15，「4」＋8＋3＝15，「4」＋9＋2＝15。「4」有三種可以組合為總和15的情形，位在「東北」、「東南」、「西北」、「西南」的方位空格，以「西北」為例，發現第一列、第一行及包括西北、中央、東南的斜對角線等三種可以組合為總和是15的情形，因此數字「4」適合放在東北、東南、西北、西南的方位格上。

9. 歸納上述情形，發現中央位置有四種情形組合成和為15，數字「5」滿足：「5」＋3＋7＝15，「5」＋6＋4＝15，「5」＋2＋8＝15，「5」＋1＋9＝15 這四種組合，因此數字「5」應該位在中央位置（參見圖18-3）。

4	9	2
3	5	7
8	1	6

圖 18-3

10. 小朋友分析組成 15 的數字和及方位的內在關係，也複習了行、列及方位的內涵，並學習了有效推理，正確判斷的邏輯概念。

11. 小偏方：「列」可以想成是一列火車是東西向的排列，「行」想成傷心的人兒淚成「行」，受地心引力的影響眼淚往下掉落因而形成南北向的排列。

總結分析

1. 一共要填出 8 種總和：直的三條、橫的三條、斜的兩條。

2. 但數字只有 1～9，故每一行之數字和為（1＋2＋3＋4＋5＋6＋7＋8＋9）÷3＝45÷3＝15。

3. 每一行、列、對角線上的數字和均為 15 為奇數，而奇數＋偶數＋奇數＝偶數，偶數＋奇數＋偶數＝奇數，奇數＋奇數＋奇數＝奇數，偶數＋偶數＋偶數＝偶數，故每一行、列及對角線均須有兩個偶數，或三個均為奇數，故選擇四個角為偶數，其它位置為奇數，即合

乎所求。如圖 18-4

偶數 (1)	奇數	偶數 (4)
奇數	奇數 (1)	奇數
偶數 (3)	奇數	偶數 (2)

圖 18-4

4. 由圖 18-4 得知　偶數(1) ＋ 奇數(1) ＋ 偶數(2) ＝ 15

偶數(3) ＋ 奇數(1) ＋ 偶數(4) ＝ 15

⇒ 偶數(1) ＋ 偶數(2) ＝ 偶數(3) ＋ 偶數(4) ＝ 15 － 奇數(1)

又偶數只有 2、4、6、8，

所以　2 ＋ 8 ＝ 4 ＋ 6 ＝ 15 － 奇數(1)

⇒ 得到奇數(1) ＝ 15 － 10 ＝ 5

故得知，四個角為偶數且對角必須是 2 和 8 一組，4

和 6 一組，而中間空格則為 5。

5. 最後結果有四種答案：

2	7	6
9	5	1
4	3	8

6	1	8
7	5	3
2	9	4

8	1	6
3	5	7
4	9	2

4	3	8
9	5	1
2	7	6

6. 另一速解（源自《趣味數學》）：

方法：在原圖中次中間為中心向外增加格子後，依序
填入 1～9，經過搬移（灰色區塊中的數字搬至對面空
格，如虛線所示）後，答案即出（見圖 18-5）。

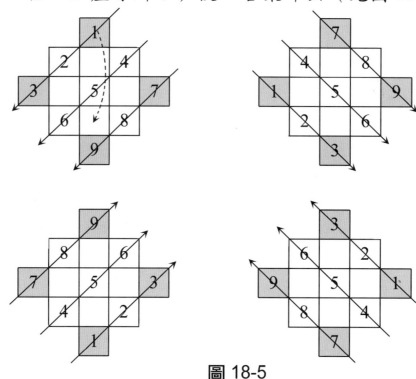

圖 18-5

註：灰色區塊中的數字搬至對面空格後，答案即出。

7. 此即 n = 3 的魔方陣，是古中國的一種數學遊戲，參
閱數學史即可印證，又稱九宮格，或縱橫圖。可以任
意將 n 調整，又稱 n 階方陣式矩陣的一種，當然就可
以放入由 1 到 n^2 的連續 n^2 個正整數，可以根據時間及
學生的經驗加以調整，選擇的數量要切合小朋友的可
發展區中，太過困難將造成小朋友的挫敗，減弱其解

題的意願。

5-n-02（熟練整數四則混合計算）、6-a-01（理解等量公理）、6-a-03（檢驗解的合理性）。

小叮嚀⋯⋯⋯⋯⋯⋯⋯⋯⋯⋯⋯⋯⋯⋯⋯⋯⋯⋯⋯

解題的不變法則：

明瞭題意→克服遭遇的困難→思考解決方法（觀察、提出見解、討論、嘗試錯誤）→連結可用的數學概念並歸納心得→完全明瞭。

19

有趣的數字：黃金分割

活動名稱

有趣的數字：黃金分割

穿高跟鞋讓自己更有吸引力

問：「多數女士們穿了高跟鞋，似乎顯得婀娜多姿更有魅力了，為什麼？早在十六世紀的數學家帕喬里稱為『神賜之比例』，也就是幾何的黃金分割律，亦稱為畢達哥拉斯定理，女士們穿高跟鞋讓曲線更美與神賜之黃金比例有關？你知道為什麼嗎？太正點了！」

：「造物者，量任何人的身高與肚臍高度的比值，經實際獲得之數據，發現比值（$\frac{肚臍}{身高}$）愈接近 0.618，愈給人一種美的感覺，一般人由腳底至肚臍的長度與身高比值都低於此數值，即 $=\frac{\sqrt{5}-1}{2}$，其近似值為 0.618，就是黃金分割，又叫做黃金比值。一般人身高與腳底至肚臍的長度的比約在黃金數值左右，多數人大約只有 0.518 至 0.60 左右，真是頭大！」

：「比值（$\frac{\text{肚臍}}{\text{身高}}$）小於 1 為真分數，真分數的分子、分母

同加一個數，將使原真分數增大，例如：若身高為 160

公分，肚臍的高度為 96 公分，則 $\frac{96+x}{160+x}=0.618$，發現

$x \doteqdot 8$；換言之，此若穿上 8 公分的高跟鞋就可使身體

的比值接近黃金比值，顯得婀娜多姿更有魅力了，太

正點了！」

◎黃金分割

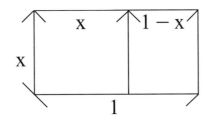

黃金比：

利用長方形的長邊與短邊之比，再與切除短邊的正方形

所得之小長方形的長邊與短邊之比相等得到：

$1：x = x：1-x$

$\frac{1}{x} = \frac{x}{1-x}$，$x^2 = 1-x$，$x^2 + x - 1 = 0 = ax^2 + bx + c$

$\Rightarrow a = 1$，$b = 1$，$c = -1$

$\because x = \frac{-b \pm \sqrt{b^2 - 4ac}}{2a}$

$\therefore x = \frac{-1 \pm \sqrt{1^2 + 4}}{2 \times 1}$（負的不合）

$x = \frac{\sqrt{5} - 1}{2}$

其近似值為 0.618

 五、六年級、國二

 穿高跟鞋讓自己更有魅力？

1. 解方程式 $1:x = x:(1-x)$，得到 $x = \dfrac{\sqrt{5}-1}{2}$，其近似值為 0.618，就是黃金分割，又叫黃金比值。

2. 量一量周圍的親朋好友的身高與肚臍的高度，再計算身高與肚臍高度的比值，做成一個資料表。

3. 由資料表是否可以發現，不管男、女或老幼，一般人身高與腳底至肚臍的長度比約在黃金數值左右，多數人大約只有 0.518 至 0.60 左右。

   身高與腳底至肚臍的高度比值低於黃金比值者，就適合穿高跟的鞋子，理由是真分數的分子、分母同加一個數，將使原真分數增大。

4. 透過此恆等關係式：$\dfrac{96+x}{160+x} = 0.618$，其中 160 公分為身高，肚臍的高度為 96 公分，發現 $x \fallingdotseq 8$，換言之，若穿上 8 公分的高跟鞋，就使身體的比值接近黃金比值，將使自己更有魅力。請為你（妳）的親朋好友量身鑑定適合穿高跟鞋的高度，來修飾身體的比例，讓他們更有魅力。

「黃金比例」廣泛運用在建築、美術、雕塑、音樂當中，而且隨著科學的發展，科學家發現「黃金比例」其實普遍存在於自然界裡，像植物的葉片、花瓣，還有螺類的生長曲線等等，都找得到黃金比例的踪跡喔！舉生活相關之三例：

例1：蝸牛及貝類動物的硬殼，向日葵黑黑的螺旋線（如圖19-1）。

例2：大腦發出貝他腦波低頻，高頻比為 0.618，身心最快活。

例3：大自然的氣溫在攝氏 23 度與人體體溫 37 度之比為 0.618，最感愉快。

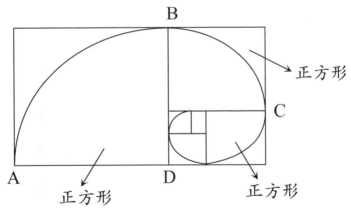

圖 19-1　黃金分割之螺旋線（對數之螺旋線）

關於黃金分割的資料：

1. 正常人肚臍高度與身高的比值，接近黃金比值。

2. 張開翅膀的蝴蝶下邊邊長與上邊邊長的比值，也存在黃金比值。

3. 舞台上的表演者，站在舞台的黃金比值的分割位置，將使聲音有最好的傳播效果。

4. 弦樂器的弦切音，讓弦切點的比值呈現黃金比值時，所彈奏出來的樂音，令人感到和諧悅耳動聽。

5-n-12（能認識比率及其應用）、6-n-07（能認識比和比值，並解決生活中的問題）、6-a-04*（能在比例的情境或幾何公式中，透過列表的方式認識變數）、7-a-10（能由具體情境中列出二元一次方程式，並理解其解的意義）。

小叮嚀 ......

佈題應考慮問題目標是否明顯、情境是否與生活經驗相連結，如此學習者較易接受和明瞭。

簡易判斷倍數的技巧㈠

活動名稱

簡易判斷倍數的技巧㈠

問 ：「123456789 可以被 3 整除嗎？我有速解可以知道 123456789 是 3 的倍數，太正點了！」

：「123456789 除以 3，數字太大了，需要一些時間，眞是頭大！」

：「1＋2＋3＋4＋5＋6＋7＋8＋9＝45，45 被 3 整除，所以 123456789 是 3 的倍數，123456789 除以 3，得餘數是 0，太正點了！」

 六年級、國一

1. 檢驗 3 的倍數的方法：三位數 abc＝a × 10^2＋b × 10＋ c⇒abc＝a(99＋1)＋b(9＋1)＋c⇒abc＝3 ×(33a＋3b)＋ (a＋b＋c)，因此要檢驗一個數是否為 3 的倍數，只需 將該數所有數字加起來，若其和為 3 的倍數，則此數 為 3 的倍數。

$$abc = \underline{3(33a+3b)} + \underline{(a+b+c)}$$

$$\downarrow \qquad\qquad \downarrow$$

必為 3 的倍數　　看此是否為 3 的倍數

2. 例如：$123 = 1 \times 10^2 + 2 \times 10 + 3 = 1 \times (99+1) + 2 \times (9+1) + 3$，所以 $123 = 3 \times (33+6) + (1+2+3)$，$(1+2+3)$ $= 6$ 是 3 的倍數，因此 123 是 3 的倍數。同理可知，欲判斷一數是否為 3 的倍數，由該數中的每個數字和是否為 3 的倍數來決定。

3. 檢驗 4 的倍數，只要檢驗其後面兩位數字是否為 4 的倍數即可。

舉例：$136 = \underline{1 \times 100} + 36$

$$\downarrow$$

必為 4 的倍數

又如 $1216 = \underline{12 \times 100} + 16$

$$\downarrow \qquad \downarrow$$

4 的倍數　　4 的倍數

因此 136、1216 皆為 4 的倍數。

4. 檢驗 8 的倍數，只要檢驗其後面三位數字是否為 8 的倍數即可。

舉例：$1120 = 1 \times 1000 + 120 = \underline{(1 \times 125) \times 8} + \underline{120}$

$$\downarrow \qquad\qquad \downarrow$$

8 的倍數　　是 8 的倍數

又如 $1032 = \underline{1 \times 1000} + \underline{32}$

$\downarrow$

是 8 的倍數

因此 1120、1032 皆為 8 的倍數。

5. 檢驗 7 的倍數：

我們先將某一數 mn 拆成 $10 \times m + n$，n 只取其個位數字，其餘數字則為 m。

例：$49 \rightarrow m = 4$、$n = 9$，$213 \rightarrow m = 21$、$n = 3$

$mn = 10 \times m + n$，$2 \times (10m + n) + (m - 2n) = 21m$

$\rightarrow 2 \times (10m + n) = \underline{21m} - (m - 2n)$

$\downarrow$

7 的倍數

其中 21m 必為 7 的倍數，若 $m - 2n$ 亦為 7 的倍數，則 $21m - (m - 2n)$ 為 7 的倍數。

確定 $21m - (m - 2n)$ 是 7 的倍數，則 $2 \times (10m + n)$ 必為 7 的倍數，因此決定某一數 mn 是否為 7 的倍數之關鍵為：$m - 2n$ 是否為 7 的倍數。

例：$49 \rightarrow m = 4$、$n = 9$，$m - 2n = 4 - 9 \times 2 = -14 \rightarrow 7$ 的倍數

$147 \rightarrow m = 14$、$n = 7$，$m - 2n = 14 - 2 \times 7 = 0 \rightarrow 7$ 的倍數

$311 \rightarrow m = 31$、$n = 1$，$m - 2n = 31 - 2 \times 1 = 29 \rightarrow$ 非 7 的倍數

$1001 \rightarrow m = 100$、$n = 1$，$m - 2n = 100 - 2 \times 1 = 98$

$98 \rightarrow m = 9$、$n = 8$，$m - 2n = 9 - 2 \times 8 = -7 \rightarrow 7$ 的倍數

(1) 將數字 2 改為 9，則 $9 \times (10m + n) + (m - 9n) = 91m$

換言之，91m 必為 7 的倍數，若 m－9n 亦為 7 的倍數，則 91m－(m－9n) 為 7 的倍數。

即 mn＝(10m＋n) 為 7 的倍數，因此 7 的倍數檢驗法可以是 m-2n，也可以是 m-9n，當然 m-2n 比 m-9n 在計算上來得簡單，依此概念我們可以發展檢驗其他倍數的方法。

(2)將數字 2 改為 1，mn＝10×m＋n

關鍵關係式：$1 \times (10m+n) + (m-n) = 11m$

檢驗 11 的倍數：m－n 為 11 的倍數。

例：49，m＝4、n＝9，m－n＝4－9＝－5×

147，m＝14、n＝7，m－n＝14－7＝7×

311，m＝31、n＝1，m－n＝31－1＝30×

1001，m＝100、n＝1，m－n＝100－1＝99○

99，m＝9、n＝9，m－n＝9－9＝0○

(3)將數字 2 改為 3，mn＝10×m＋n。

關鍵關係式：$3 \times (10m+n) + (m-3n) = 31m$。

檢驗 31 的倍數：m－3n 為 31 的倍數。

例：93，m＝9、n＝3，m－3×n＝9－9＝0○

147，m＝14、n＝7，m－3×n＝14－21＝－7×

311，m＝31、n＝1，m－3×n＝31－3＝28×

1023，m＝102、n＝3，m－3×n＝102－9＝93○

(4)將數字 2 改為 4，mn＝10×m＋n。

關鍵關係式：$4 \times (10m+n) + (m-4n) = 41m$。

檢驗 41 的倍數：m－4n 為 41 的倍數。

例：82，m＝8、n＝2，m－4×n＝8－4×2＝0○

147，m＝14、n＝7，m－4×n＝14－28＝－14×

311，m＝31、n＝1，m－4×n＝31－4＝27×

1025，m＝102、n＝5，m－4×n＝102－20＝82○

(4)將數字 2 改為 5，mn＝10×m＋n。

關鍵關係式：5×(10m＋n)＋(m－5n)＝51m。

51m＝3×17m，3 的倍數比較容易取得，選擇質數 17 進行倍數的檢驗。

檢驗 17 的倍數：m－5n 為 17 的倍數。

例：85，m＝8、n＝5，m－5×n＝8－25＝－17○

147，m＝14、n＝7，m－5×n＝14－35＝－21×

311，m＝31、n＝1，m－5×n＝31－5＝26×

1003，m＝100、n＝3，m－5×3＝100－15＝85○

依此改變不同的關鍵關係式，可以發展更多質數倍數的檢驗公式，下面以 19、23 為例。

(5)修改關鍵關係式的模式，對調「＋」、「－」運算符號如下：

2×(10m＋n)－(m＋2n)＝19m

檢驗 19 的倍數：m＋2n 為 19 的倍數。

例：95，m＝9、n＝5，m＋2×n＝9＋10＝19○

147，m＝14、n＝7，m＋2×n＝14＋14＝28×

311，m＝31、n＝1，m＋2×n＝31＋2＝33×

912，m＝91、n＝2，m＋2×n＝91＋4＝95○

(6)修改關鍵關係式的模式，對調「＋」、「－」運算符

號如下：

$$2 \times (10m+n)+(3m-2n)=23m$$

檢驗 23 的倍數：3m－2n 為 23 的倍數。

例：92，m＝9、n＝2，3m－2×n＝27－4＝23○

147，m＝14、n＝7，3m－2×n＝42－14＝28×

322，m＝32、n＝2，3m－2×n＝96－4＝92○

(7)若一個數的數目很大，可以利用重複檢驗的方法，將

其化成較小的數來檢驗。

例：28696 是否為 17 的倍數？

解析：17 的倍數檢驗式為 m－5n

28696，m－5n＝2869－5×6＝2839

2839，m－5n＝283－5×9＝238

238，m－5n＝23－5×8＝－17

因為－17 為 17 的倍數，所以 238 為 17 的倍數，

依此類推可得到 28696 為 17 的倍數。

能力指標 6-a-02（能使用未知數符號，將具體情境中的問題列成兩步驟的算式題，並嘗試解題及驗算其解的基本加法運算）、7-n-10（能理解因數、質因數、倍數、最大公因數和最小公倍數，並熟練質因數分解的計算方法）。

小叮嚀 ⋯⋯⋯⋯⋯⋯⋯⋯⋯⋯⋯⋯⋯⋯⋯⋯⋯⋯⋯⋯⋯⋯⋯⋯⋯⋯⋯⋯⋯⋯⋯⋯⋯⋯

教學上要給學生充足的時間去「消化吸收」剛學到的新知，太急
於要求成果，將使學生因挫折而畏懼數學，最終討厭數學學習，
所謂「欲速則不達」。

21

簡易判斷倍數的應用問題

活動名稱

簡易判斷倍數的應用問題

問：「某校共錄取 1000 名新生，並由 1 至 1000 依序編號，新生訓練用的禮堂有編號為 1 至 1000 的 1000 個櫃子，新生訓練當天，1 號新生要將所有關上的櫃子打開，接著 2 號新生要將 2 的倍數的櫃子做相反動作，接著 3 號新生將 3 的倍數的櫃子做相反動作，依此類推，試問最後有哪些櫃子是打開的？太正點了！」

：「1 號櫃子被 1 號新生打開，從此是開的，2 號櫃子被 1 號新生打開之後，接著又被 2 號新生關上，從此是關上的。喔！要一個一個推下去，真是頭大！」

：「如果某數的因數個數是奇數個，那麼該數號碼的櫃子一定是開的，太正點了！」

 五、六年級、國一

1. 應用檢驗 99 倍數的概念解題。

九位老人組成一支槌球隊，每位胸前號碼是 02、03、04、06、08、11、15、17、19，某次出國比賽獲得冠軍，回國接受總統表揚，九人一字排開，形成一個十八位數，此十八位數被 99 除，餘數正好是隊長的年齡，也是胸前號碼的倍數，問隊長胸前號碼為何？隊長幾歲？

解析：任何數除以 99，其餘數為該數每兩位一節的所有數相加被 99 除之餘數。

例：$1234 = 12 \times 100 + 34 = 12 \times (99 + 1) + 34$

$= \underline{12 \times 99} + \underline{12 + 34}$

$\qquad\qquad\downarrow \qquad\qquad \downarrow$

被 99 整除　餘數

根據此原則得知 $934 \div 99$ 之餘數 $\to 9 + 34 = 43$

$12345 \div 99$ 之餘數 $\to 1 + 23 + 45 = 69$

$3412 \div 99$ 之餘數 $\to 34 + 12 = 46$

回到本題中，九個號碼一字排開所得到的十八位數除以 99，其餘數：

$02 + 03 + 04 + 06 + 08 + 11 + 15 + 17 + 19 = 85 \to$ 隊長的年齡

又 $85 = 5 \times 17$，九組號碼中沒有 05，所以隊長胸前的號碼為 17。

2. 應用數的因數概念解題。

某校共錄取 1000 名新生，並依序編號，新生訓練用的禮堂編有號碼的 1000 個櫃子，新生訓練當天，1 號新生要將所有關上的櫃子打開，2 號新生要將 2 的倍數的櫃子做相反動作，接著 3 號新生亦將 3 的倍數的櫃子做相反動作，依此類推，試問最後有哪些櫃子是打開的？

解析：

根據表 21-1 的統計結果，號碼的因數是奇數個者的櫃子是打開的，有 1、4、9 號櫃子，也就是平方數號碼的櫃子是開的。

其實這是因數的概念，某一數的因數若有偶數個→開、關、開、關、開、關……到最後一定是關的；若某一數的因數有奇數個→開、關、開……最後櫃子一定是打開的。因此我們只要找出因數個數是奇數個的數即可。

從表 21-1 中發現，平方數的因數個數有奇數個，所以櫃子一定是開的，因此 1000 以內平方數號碼的櫃子皆是打開的。

$\because 31^2 = 961$，$32^2 = 1024 > 1000$（不合）

$\therefore 1000$ 以內有奇數個因數的數共有 31 個，也就是共有 31 個櫃子是打開的。

表 21-1

櫃子＼新生	1	2	3	4	5	6	7	8	9	10
1	○	○	○	○	○	○	○	○	○	○
2		×		×		×		×		×
3			×			○			×	
4				○				○		
5					×					○
6						×				
7							×			
8								×		
9									○	
10										×
統計	①	2	2	③	2	4	2	4	③	4

活動指導語

1. 透過判斷倍數的簡易法則，有利於進行數的運算及進階之估算活動。

2. 以判斷 11 的倍數為例，可以是一位一節來判定，例如：一數其奇位數和減偶位數和若為 11 的倍數，則原數必為 11 的倍數。也可以是三位一節來判定，例如原數每三位一節，奇位節數字的和減偶位節數字的和，若為 11 的倍數，則原數必為 11 的倍數。

3. 進行此活動時，容許學習者有較大的思考空間，不必硬性規定方法。

4. 從基本的除概念出發，透過倍數的化整為零的策略，簡化運算過程的步驟與繁雜的數字，盡情享受數的美。

 7-n-10（熟練質因數分解的計算方法）、6-n-01（能認識質數、合數，並作質因數的分解）。

 小叮嚀 ·······························

佈題時應注意所提的問題其目標要明顯、佈置的情境與生活經驗相連結，學生較易接受和明瞭。

數字的美

活動名稱

數字的美

問 😊：「將阿拉伯數字 1~9 利用數學運算湊成 100，數字 1~9 皆須用到，而且不可重複使用。舉例來說，$123 - 45 - 67 + 89 = 100$，太正點了！」

😊：「連續 9 個阿拉伯數字，配合二個減號，一個加號，果真是 100，真是頭大！」。

😎：「也可以是 $24\frac{3}{6} + 75\frac{9}{18} = 100$，太正點了！」

適用年級 三、四年級

活動內容

1. 透過下列各組數字的運算，我們可以發現美妙的數字規律。

   (1) $1 \times 8 + 1 = 9$

   $12 \times 8 + 2 = 98$

   $123 \times 8 + 3 = 987$

   $1234 \times 8 + 4 = 9876$

$12345 \times 8 + 5 = 98765$

$123456 \times 8 + 6 = 987654$

$1234567 \times 8 + 7 = 9876543$

$12345678 \times 8 + 8 = 98765432$

$123456789 \times 8 + 9 = 987654321$

(2) $1 \times 9 + 2 = 11$

$12 + 9 + 3 = 111$

$123 \times 9 + 4 = 1111$

$1234 \times 9 + 5 = 11111$

$12345 \times 9 + 6 = 111111$

$123456 \times 9 + 7 = 1111111$

$1234567 \times 9 + 8 = 11111111$

$12345678 \times 9 + 9 = 111111111$

(3) $9 \times 9 + 7 = 88$

$98 \times 9 + 6 = 888$

$987 \times 9 + 5 = 8888$

$9876 \times 9 + 4 = 88888$

$98765 \times 9 + 3 = 888888$

$987654 \times 9 + 2 = 8888888$

$9876543 \times 9 + 1 = 88888888$

$98765432 \times 9 + 0 = 888888888$

由上組數字我們可以得到下列的數字組合

$$88 - 7 = 81$$
$$888 - 6 = 882$$
$$8888 - 5 = 8883$$
$$88888 - 4 = 88884$$
$$888888 - 3 = 888885$$
$$8888888 - 2 = 8888886$$
$$88888888 - 1 = 88888887$$

皆為 9 的倍數

另一種想法：

$81 = 80 + 1$ 其中 $80 \div 9 = 8...8$，因此就用 1 來補餘數 8，使之可以被 9 整除。

同理 $882 = 800 + 80 + 2$，其中 800 與 80 除以 9 都會餘 8，因此就拿 2 來分別補足餘數 8，使其都可以被 9 整除。依此類推，我們可以得到其他的 9 的倍數。

你可以自己嘗試著湊出美妙的數字規律嗎？發揮創意隨手可得！

2. 欣賞數字的美：

◎類型一：將阿拉伯數字 1～9 利用數學運算湊成 100，數字 1～9 皆須用到，而且不可重複使用。

$$123 - 45 - 67 + 89 = 100$$
$$1 + 2 + 3 - 4 + 5 + 6 + 78 + 9 = 100$$
$$1 + 2 + 3 + 4 + 5 + 6 + 7 + 8 \times 9 = 100$$

$$91 \times \frac{5823}{647} = 100$$

$$24\frac{3}{6} + 75\frac{9}{18} = 100$$

◎類型二

$$101 = 10^2 + 1^2$$

$$1233 = 12^2 + 33^2$$

$$5882353 = 588^2 + 2352^2$$

$$48 = 8^2 - 4^2$$

◎類型三：連續奇數和是完全平方數

用方陣的幾何圖形來解釋，正方形的面積公式是邊長的平方。連續 n 個基數和恰是 n^2。

1^2 ○

2^2 ○○ $1 + 3 = 4$
　　○○

3^2 ○○○ $1 + 3 + 5 = 9$
　　○○○
　　○○○

◎類型四：數字的漩渦

58　　$5^2 + 8^2 = 25 + 64 = 89$
↓
89　　$8^2 + 9^2 = 64 + 81 = 145$
↓
145　　$1^2 + 4^2 + 5^2 = 1 + 16 + 25 = 42$
↓
42　　$4^2 + 2^2 = 16 + 4 = 20$
↓

$$20$$
$$2^2 + 0^2 = 4$$
$$\downarrow$$
$$4$$
$$4^2 = 16$$
$$\downarrow$$
$$16$$
$$1^2 + 6^2 = 1 + 36 = 37$$
$$\downarrow$$
$$37$$
$$3^2 + 7^2 = 9 + 49 = 58$$
$$\downarrow$$
$$58$$

 請不必要求學習者完全理解，只要用欣賞的心情來發現數字的美。

 5-a-02（能熟練運用四則運算的性質，做整數四則混合計算）、C-C-08（能尊重他人解決數學問題的多元想法）、C-E-01（能用解題的結果闡釋原來的情境問題）。

小叮嚀 ……………………………………………

邏輯性知識的學習過程，是需要透過經驗→察覺→理解→消化成為自己的一部分，指導者要視課程內容的特性、難易程度來分配教學時間，屬邏輯性的知識就必須花多一點時間進行有系統的嘗試錯誤的演練。

簡易判斷倍數的技巧（二）

簡易判斷倍數的技巧(二)

問 ☺：「123123123123 可以被 13 整除嗎？我有速解知道
123123123123 是 13 的倍數，太正點了！」

：「123123123123 除以 13，數字太大了，需要一些時間，
真是頭大！」

：「三位一節，123－123＋123－123＝0，所以 123123123123
除以 13，得餘數是零，太正點了！」

 六年級、國一

另一種檢驗 7 的倍數方法：

去掉某一數的後二位數字所得的新數的 2 倍，再加上已
去掉的二位數字，其和若是 7 的倍數，則原數必為 7 的
倍數。

$mn＝m×100＋n＝(98×m)＋(2m＋n)$

例：1113 是否為 7 的倍數？

$\because 11 \times 2 + 13 = 22 + 13 = 35 \rightarrow 7$ 的倍數

$\therefore 1113$ 是 7 的倍數 $(1113 = 7 \times 159)$

活動指導語

建立不同的關鍵式可得到不同的倍數檢驗法，此部分可讓學習者自由發揮自己的創意，創造各種不同的檢驗方法。

例：123123 是否為 13 的倍數？

方法一：假設原數 $= 10m + n$　$m, n \in Z$

$\quad\quad 4 \times (10m + n) - (m + 4n) = 39m$ 為 13 的倍數

$\quad\quad$ 故檢驗式為 $m + 4n$

$\quad\quad 123123$，$12312 - 4 \times 3 = 12300$

$\quad\quad 12300$，$1230 - 4 \times 0 = 1230$

$\quad\quad 1230$，$123 - 4 \times 0 = 123$

$\quad\quad 123$，$12 - 4 \times 3 = 0$ 為 13 的倍數

$\quad\quad$ 所以 123123 為 13 的倍數

方法二：假設原數 $= 1000m + n$，$m, n \in Z$

$\quad\quad 1 \times (1000m + n) + (m - n) = 1001m = 13 \times 77m$

$\quad\quad 123123$，$123 - 123 = 0$ 為 13 的倍數

因為方法二較簡單，我們可以由方法二發展出一般的 13 的倍數檢驗法，方法如下：

設 $x = a_n \times 10^{3n} + a_{n-1} \times 10^{3(n-1)} + \cdots\cdots + a_1 10^3 + a_0$

$\Rightarrow x = a_n \times (1001 - 1)^n + a_{n-1} \times (1001 - 1)^{n-1} + \cdots\cdots$

$\quad\quad + a_1(1001 - 1) + a_0$

因為 $(1001-1)^n = 1001^n - 1001^{n-1} + \cdots\cdots + (-1)^n$

又 $1001 = 13 \times 77$ 為 13 的倍數。

故若 $a_n \times (-1)^n + a_{n-1} \times (-1)^{n-1} + \cdots\cdots + a_1(-1) + a_0$

為 13 的倍數，則 x 為 13 的倍數。

例：123123123123 是否為 13 的倍數？

解析：123123123123

$$= 123 \times 10^{3 \times 3} + 123 \times 10^{3 \times 2} + 123 \times 10^3 + 123$$

檢驗式為 $123 \times (-1)^3 + 123 \times (-1)^2 + 123 \times (-1) + 123$

$$= -123 + 123 - 123 + 123 = 0 \text{ 為 13 的倍數}$$

因為 $-123 + 123 - 123 + 123 = -(123 - 123 + 123 - 123)$，

故檢驗某數是否為 13 的倍數，可由某數之個位數算起，三位一節，作加減運算，由所得之結果是否為 13 的倍數來判斷該數是否為 13 的倍數。

3-n-04（能理解除法的意義，運用÷、＝作橫式紀錄，包括有餘數的情況，並解決生活中的問題）、C-E-05（將問題與解題一般化）。

小叮嚀···

邏輯性知識的學習過程，是需要透過經驗→察覺→理解→消化成為自己的一部分。

負負為正

問：「負負得正，所以按二次按鈕，就恢復原狀，太正點了！」。

：「負正得負，眞是頭大！」

：「－(－3) 讀作減負 3，減為運算符號，負為數學符號，減負 3 就是 3，太正點了！」

 六年級、國中一年級

籌碼（代幣）模式

◎假定：白籌碼的個數代表正數，「＋」代表正號，＋N 讀作正 N。

黑籌碼的個數代表負數，「－」代表負號，－N 讀作負 N。

白籌碼和黑籌碼可以互相抵消，即 1 白＋1 黑＝0

算式中加號代表放入、減號代表取走。

活動的目的是希望小朋友經驗正負得負及負負得正的觀念。

◎舉例一

$5+(-2)=3$，我們利用五個白籌碼和二個黑籌碼來計算，其中一白一黑相加可以抵消，也就是說1白＋1黑＝0，從下面的圖示中我們就可以得知剩下三個白籌碼，所以$5+(-2)=3$。

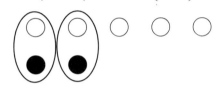

因此$5+(-2)=5-2=3$，得知正負[（＋）、（－）]得負，正確來說應該是加負為減。

同一個數學符號「＋」可以代表是動詞的加或是形容正數的正，如此的數學符號具有多義性是屬於次級概念，是比較困難的。

◎舉例二

$7-(-1)=8$，其中的7我們可以想成7＋0，也就是7白＋1白1黑，又減號代表取走，取走一個黑籌碼後，就剩下八個白籌碼。

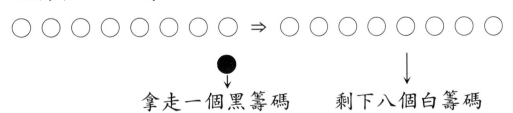

拿走一個黑籌碼　　　剩下八個白籌碼

因此$7-(-1)=7+1=8$。

上述運算是運用負負得正的觀念，正確來說應該是減負為加。

利用籌碼（代幣）模式可以透過操作的過程讓學童理解運算式：－（－1）的結果，即負負為正之重要算則。

1. 配合教具搭配建立負負為正的數概念。

2. 進入國中時，負負為正的概念將正式引入，建議小學階段可以先行接觸並深入理解。

 7-n-01（能以「正、負」表徵生活中相對的量，並認識負數）。

小叮嚀 ....

引導者要視課程內容的特性、難易程度來分配教學時間，屬邏輯性的知識就必須花多一點時間進行有系統的嘗試錯誤的演練，千萬不宜匆匆結束。

25

有趣的數學遊戲：對角線的問題
及其他

活動名稱

有趣的數學遊戲：對角線的問題及其他

 五、六年級

1. 走走看

(1)給一個正方形的圓點圖。

(2)由 A 出發到達 B，可以往上往前，不可向下向左，沒有限制一次走幾格，但不能同時往上且往前，猜拳決定先後。

(3)兩個人比賽，從 A 點出發，最先到達 B 點 的人即獲勝。

(4)走走看

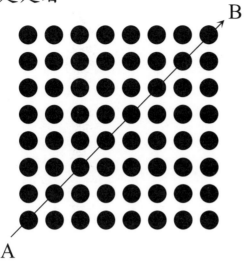

(5)正方形圖獲勝小技巧：每次都走到對角線上的點，
就會先走到 B 點。

(6)可以變化圖形為長方形，以增加趣味性。

(7)長方形圖形獲勝小技巧：

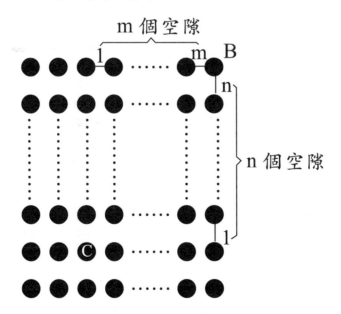

如上圖所示，假設你走到 C 點，則 C 點必須符合剩
下的長和寬的空隙和為偶數，即 $m+n=2K$，$K \in N$。

若每次走的點都符合這個需求，便會先走到 B 點。

2. 找偽幣

(1) 八個錢幣中有一個是偽幣，你能用稱三次天平，找出偽幣嗎？

(2) 解析：

將八個錢幣分成四堆，每堆兩個，先稱其中兩堆。若天平平衡，則偽幣在另外兩堆；若天平不平衡，則偽幣在這兩堆。將含有偽幣的兩堆錢幣，任拿一堆來稱。若天平平衡，則偽幣在另外一堆；若天平不平衡，則偽幣在這一堆。設含有偽幣的這堆錢幣各為 A、B，取 A 和一個不是 B 的錢幣來稱，若平衡，則 B 為偽幣，若不平衡，則 A 為偽幣。

1. 透過遊戲，學習圖形的概念。

2. 因為想贏的動機，讓學習更有勁。

 5-s-04（能認識線對稱，並理解簡單平面圖形的線對稱性質）。

26

有理數與循環小數

活動名稱

有理數與循環小數

問 😊：「循環小數就是有理數，例如循環小數 0.999……

就是有理數 $\dfrac{1}{1}$，太正點了！」

😊：「0.99……只是接近 1，並不會等於 1，…真是頭大！」

😎：「$\dfrac{1}{1} = $

$$
\begin{array}{r}
0.999\cdots \\
1\,\overline{)\,10} \\
\underline{9} \\
10 \\
\underline{9} \\
10 \\
\underline{9} \\
10 \\
\vdots
\end{array}
$$

，由此運算式得知 $\dfrac{1}{1} = 0.999\cdots$，

太正點了！」

 適用年級　五、六年級，國一、國二

活動內容

$\dfrac{a}{b}$ 是有理數，$\dfrac{a}{b}$ 可表示成有限小數或循環小數。

1. 有理數的概念：最簡分數就是有理數，分數只是呈現有理數的計算過程。

2. $\dfrac{a}{b}$ 是有理數 → a,b 互質，且 a,b 為整數。

   (1)若 $\dfrac{1}{b}$ 為有限小數 → $\dfrac{1}{b} \times a$ 為有限小數。

      若 $\dfrac{1}{b}$ 為循環小數 → $\dfrac{1}{b} \times a$ 為循環小數。

      因此決定的關鍵是看 $\dfrac{1}{b}$ 為有限小數或循環小數。

   (2)若 $b = 2^n \times 5^m$，n、m $\geqq$ 0，則 $\dfrac{a}{b}$ 為有限小數。

   (3)若 b 非(2)所述情況，則 $\dfrac{a}{b}$ 為循環小數。

   (4)把分子的 a 想成 $0.a \times 10$ 或 $0.0a \times 100$……，如此就有機會把 b 的因子 2 或 5 消去，此為說明(2)的情況為有限小數的充分理由。

活動指導語

1. 分組討論，找出 $\dfrac{1}{13}$、$\dfrac{2}{13}$、$\dfrac{3}{13}$、$\dfrac{4}{13}$……，$\dfrac{13}{13}$ 的相似性？

   解析：

$$\frac{1}{13}=0.\overline{076923}$$

$$\frac{2}{13}=0.\overline{153846}$$

$$\frac{3}{13}=0.\overline{230769}$$

$$\frac{4}{13}=0.\overline{307692}$$

$$\frac{5}{13}=0.\overline{384615}$$

$$\frac{6}{13}=0.\overline{461538}$$

$$\frac{7}{13}=0.\overline{538416}$$

$$\frac{8}{13}=0.\overline{615384}$$

$$\frac{9}{13}=0.\overline{692307}$$

$$\frac{10}{13}=0.\overline{769230}$$

$$\frac{11}{13}=0.\overline{846153}$$

$$\frac{12}{13}=0.\overline{923076}$$

$$\frac{13}{13}=13\times\frac{1}{13}=0.\overline{999999}=1$$

因此可得：

$\dfrac{1}{13}$、$\dfrac{3}{13}$、$\dfrac{4}{13}$、$\dfrac{9}{13}$、$\dfrac{10}{13}$、$\dfrac{12}{13}$ 由 0，7，6，9，2，3

組成之循環

$\dfrac{2}{13}$、$\dfrac{5}{13}$、$\dfrac{6}{13}$、$\dfrac{7}{13}$、$\dfrac{8}{13}$、$\dfrac{11}{13}$ 由 1，5，3，8，4，6

組成之循環

分子為 13 者，其值為 $0.\overline{999999} = 1$

另外我們還發現一個有趣的現象，即：

$$\frac{1}{13} \times 10^7 = 769230\frac{10}{13}$$

$$\frac{1}{13} \times 10^8 = 7692307\frac{9}{13}$$

$$\frac{1}{13} \times 10^9 = 7692306\frac{12}{13}$$

$$\frac{1}{13} \times 10^{10} = 769230769\frac{3}{13}$$

$$\frac{1}{13} \times 10^{11} = 7692307692\frac{4}{13}$$

$$\frac{1}{13} \times 10^{12} = 76923076923\frac{1}{13}$$

$$\frac{1}{13} \times 10^{13} = 769230769230\frac{10}{13}$$

試著去發現它的規則，你會發覺數學的運算真是太神奇了！

2. 找出 $\frac{1}{17}$、$\frac{2}{17}$、……、$\frac{16}{17}$、$\frac{17}{17}$ 的相似性？

解析：

$$\frac{1}{17} = 0.\overline{0588235294117647}$$

$$\frac{2}{17} = 0.\overline{1176471588235294}$$

$$\frac{3}{17} = 0.\overline{1764705882352941}$$

$$\frac{4}{17} = 0.\overline{2352941176470588}$$

$$\frac{5}{17} = 0.\overline{2941176470588235}$$

$$\frac{6}{17} = 0.\overline{3529411764705882}$$

$$\frac{7}{17} = 0.\overline{4117647058823529}$$

$$\frac{8}{17} = 0.\overline{4705882352941176}$$

$$\frac{16}{17} = 0.\overline{9411764705882352}$$

$$\frac{17}{17} = 17 \times \frac{1}{17} = 0.\overline{9999999999999999} = 1$$

由上面的算式可以得知 $\frac{1}{17}$、$\frac{2}{17}$、……、$\frac{16}{17}$ 都是由 0、5、8、8、2、3、5、2、9、4、1、1、7、6、4、7 所組成的循環。

3. 有趣的是 $\frac{9}{23} = 0.\overline{3913043478260869562517}$，這個循環小數夠長了吧！找找看，還有沒有更長的？

4. 結論：將分母相同的分數化成小數，若為循環小數，則循環之數字部分必有其規則性。

能力指標 5-n-11（能將分數、小數標記在數線上）、C-S-02（能選擇使用合適的數學表徵）。

27

數學步道

數學步道

　　九年一貫課程數學領域的五大主題包括：數，量，數與計算，量與實測，關係、圖形與空間、統計與機率、代數、連結。其中「連結」已單獨成立一個主要題材，並有綜合活動強調各領域間的連結，數學領域的連結就活動場地的不同，可以分成室外的連結活動與課室內的連結活動。室外的連結活動如：各校目前積極進行之數學步道，課室內的連結活動是教師經常配合情境及學童的背景知識進行解題活動。就連結內容的不同可以包括縱向與橫向連結，縱向連結係指數學的先備數學概念與目前之數學知識的連結，橫向連結係指數學學科與其他學科的連結。

　　本文將分別就室外的連結活動、課室內的連結活動、縱向連結與橫向連結逐一舉例與各位分享，期能有助於九年一貫課程之教學活動更加順利進行，落實教改先進之美意，讓我們的下一代在快樂中學習。

 一～六年級

 數學步道

　　利用室外的情境，自然激發學生學習數學，透過生活情境，使數學學習更落實。配合學校的建築、環境，來進行數學教學活動，而在進行數學教學活動時應特別注意學生的安全。

1. 數學知識因生活需要而產生。

2. 透過生活情境使學習更落實。

3. 日後使學習者更能有效將知識用於生活中。

4. 情境佈置分室內、室外。

5. 數學步道是利用室外的情境佈置，可以自然激發學習。

　　◎設計要項

　　(1)名稱。(2)場地。(3)活動情境。(4)活動適用年級。(5)搭配本活動應具備數學領域中的能力指標。(6)本活動要達到數學領域中的能力指標為何。(7)本活動可以和哪些領域做搭配。(8)配合本活動所需的文件、器材及注意事項、紀錄表、工具等。

　　最後別忘了要提供參考答案，方便未來使用的教師採用並融入教學活動中，如此數學才能連結於生活中，小朋友也會發現處處是數學，數學是有用的知識、是重要的工具。

1. 室外之連結活動

   數學知識因生活需要而產生，數學學習透過生活情境，將使數學學習更為落實，學習者更能有效地將數學知識應用於日常生活中。情境佈置於室外如數學步道，就是想利用室外的情境，自然地激發學童學習數學概念，進行數學的學習活動。目前亦有更多學者強調多元評量中的真實性評量。透過校外之教學活動連結實際由學童至商店購物，或校內舉辦跳蚤市場由學童實際進行買賣；由家長成立班教學支援組配合教學進度定期舉辦主題連結活動。

2. 範例一

   (1)名稱：有影無。

   (2)場地：有影長之大型物體。

   (3)活動情境：升旗之旗竿有多長？

   (4)活動適用年級：六。

   (5)搭配本活動應具備數學領域的能力指標：

   　‧N-1-10：能使用生活中常用的測量工具。

   　‧N-2-10：能認識各種量的普遍單位，應用在生活中的實測和估測活動。

   (6)本活動應用數學領域的能力指標：

   　‧N-3-15：能在情境中理解比、比例、比值的意義。

(7)配合本活動可搭配之其他學習領域：社會、自然與生活科技、綜合活動。

(8)搭配本活動之相關文件與器材、注意事項、連結情境、活動記錄表、測量工具……。

(9)其他有利活動進行之資訊。

3. 範例二

(1)名稱：遊戲區有多大。

(2)場地：操場旁邊鋪有軟墊的遊戲區。

(3)活動情境：遊戲區所占面積有多少平方公尺？

(4)活動適用年級：五。

(5)搭配本活動應具備數學領域之能力指標：

- N-1-10：能使用生活中常用的測量工具。

- N-2-11：能理解生活中，各種量的測量工具上刻度間的結構，進而對以同單位表達的量作形式計算。

(6)本活動應用數學領域之能力指標：

- N-2-13：能以個別單位的方式描述面積、體積，並能用乘法簡化長方形面積之計算。

(7)配合本活動可搭配之其他學習領域：語文、健康與體育、綜合活動。

(8)搭配本活動之相關文件及器材：注意事項、連結情境、活動記錄表、測量工具……。

(9)其他有利活動進行之資訊。

　　各校初期規劃校園數學步道時，應先考慮各校之人力，再決定是否以年級為小組或以年段為小組最合宜。其次題材的選擇，應配合教師教學經驗，優先挑選出學童在學習哪些概念時會比較有困難。一來教師進行此教學進度時，即可將此數學步道做為學童的數學概念學習環境，激發學童學習樂趣；二來減輕教師教學之教材情境準備的負擔，如此教師樂意使用，不致造成浪費。整理出現行教材之單元教學目標與九年一貫數學領域的能力指標有相對應的數學概念，如此之數學步道可適用於現行二年級以上的學童及未來受九年一貫數學領域的學童。考慮未來整體發展，配合學校環境之特色，選擇適當地點，配合教學實用為最優先。網路上提供各校數學步道的實例，有在川堂中的校史簡介裡，呈現問題要學童利用加、減算則，計算學校的歷史，以得知學校創校幾年；利用林間步道種植的樹木間格數，進行測量的估算活動；繪製學校與鄰近之地理位置以了解座標概念，進而配合比例概念使學童了解學校與車站或其他單位的實際距離；透過點數學校建築物中美麗壁磚的個數，激發學童會連結乘的算則運算，進而認識對稱的幾何圖形，使數學自然地融入生活中，如此學童不再畏懼數學。

　能力指標　C-R-01（能察覺生活中與數學相關的情境）。

小叮嚀 ....

多花點心思去發現生活中可以應用的數學遊戲，我們的教學也可以很好玩，學生也可以學得更有興趣。

28

正多邊形及多面體的認識

活動名稱

正多邊形及多面體的認識

問 😊：「找遍世界上的所有正多面體總共只有五種，不會
出現第六種，太正點了！」

😊：「正多面體是全等的多邊形所組成，有正四面體、正六
面體、正八面體……眞是頭大！」

😎：「能用來組成正多面體的多邊形，只有正三角形、正方
形及正五邊形，不可以是超過五邊以上的正多邊形，
太正點了！」

 五、六年級

 正多邊形的認識

◎認識尤拉數（Euler）

表 28-1

	正六面體	三角形	三角柱
面	6	2	5
頂點	8	3	6
稜線	12	3	9

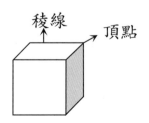

面＋頂點－稜線＝2→任何形體皆會符合，此種現象稱為尤拉數。

◎構成正多面體的每個面都是全等的，而正多面體剛好有五種，分別是：正四面體、正六面體、正八面體、正十二面體、正二十面體，為什麼剛好只有這五種呢？首先，正多邊形的每個內角是 $\frac{(n-2)\times 180}{n}$，而在正多面體中，要拼成一個頂點至少需要三個角，而且此三角的和不可超過360度，若剛好等於360度，則會變成一平面而無法構成頂點。

所以我們可以得到 $m\times\frac{(n-2)\times 180}{n}<360$，其中m代表m個角，n代表正n邊形。

$$m\times\frac{(n-2)\times 180}{n}<360\to m(n-2)\times 180<360n$$
$$\to m(n-2)<2n$$
$$\to m(n-2)-2n+4-4<0$$
$$\to m(n-2)-2(n-2)<4$$
$$\to (n-2)(m-2)<4$$

n、m有幾種可能的組合？

n－2	m－2	n	m	構成的形體
1	1	3	3	正四面體
1	2	3	4	正八面體
1	3	3	5	正二十面體
2	1	4	3	正六面體
3	1	5	3	正十二面體

n代表正n邊形；m代表m個角拼成一個頂點

◎為什麼沒有正五面體呢？

我們來檢驗看看：

1. 由正三角形構成：3 邊 × 5 ＝ 15 個邊→每 2 邊構成 1 稜，但 15 為奇數，不滿足每 2 邊構成 1 稜的條件，所以不成立。

2. 由正方形構成：4 邊 × 5 ＝ 20 個邊→滿足每 2 邊構成 1 稜之條件，每個角 90 度 × 3 ＝ 270 度→3 個角拼成 1 個頂點；正方形有 4 個角，4 個角 × 5 ＝ 20 個角，又 3 個角拼成 1 個頂點，但 20 非 3 的倍數，不滿足 3 個角拼成 1 個頂點的條件，因此也不成立。

3. 由正五邊形構成：5 邊 × 5 ＝ 25 個邊→每 2 邊構成 1 稜，但 25 為奇數，不滿足每 2 邊構成 1 稜的條件，所以不成立。

由 1.、2.、3. 可以證實正五面體不可能存在。

亦可用同樣的方式來檢驗看看有沒有其他的正多面體。

1. 很多病毒是正二十面體（icosahedron），例如：皰疹（herpes）病毒、水痘（chickenpox）病毒、人體疣（human wart）病毒、犬類傳染性肝炎病毒、腺病毒（adenovirus）等。

2. C_{60} 為三十二面體，發現的科學家並因此獲得 1996 年的諾貝爾化學獎。

◎C_{60}為三十二面體，係由 12 個正五邊形及 20 個正六邊形所組成，因此不是一個真正的正三十二面體，因為分別由兩種不同的多邊形組成，我們可以計算其面數＝<u>32</u>，邊數＝$12 \times 5 + 20 \times 6 = 60 + 120 = 180$，每二邊組成一個稜線，所以稜線數＝$\dfrac{邊數}{2} = \dfrac{180}{2} = \underline{90}$，角的個數＝$12 \times 5 + 20 \times 6 = 60 + 120 = 180$，每三個角組成一個頂點，頂點數＝$\dfrac{角的個數}{3} = \dfrac{180}{3} = \underline{60}$，滿足頂點數＋面數－稜線數＝$60 + 32 - 90 = 2$ 的尤拉恆等式。

 5-s-06（能運用「頂點」、「邊」等要素，辨認簡單形）、8-s-33（能以最少性質辨認立體圖形）、C-S-01（能分解複雜的問題為一系列的子題）。

 小叮嚀 ·····························

牛頓名言：我看的比別人更遠，因為我站在巨人的肩膀上。

29

邏輯思考與有趣真實的推理

活動名稱

邏輯思考與有趣真實的推理

問：「甲說：乙說謊，乙說：丙說謊，丙說：甲、乙皆說謊，到底誰說謊？太正點了！」

：「如果甲說真話，那麼乙說謊，也就是乙說的話不可信，代表丙說真話，甲、乙皆說謊為真，真是頭大！」

 適用年級　國二、國三

 活動內容

「大風吹，吹什麼？」，「吹手上戴手錶的人」。

所有參與大風吹遊戲的人包括手上戴手錶及沒戴手錶人，因此參與大風吹遊戲的人所成的集合包括手上戴手錶及未戴手錶兩部份的人。同樣地，水果包括香蕉、橘子或柳丁……。我們說水果所成的集合包括香蕉所成的集合。「若此物是香蕉，則此物是水果。」，此句話是真的，理由是香蕉是水果的一種，相反地，「若此物是水果，則此物是香蕉。」則不真，理由是水果的集合不只有香蕉還有其他如：柳丁、蘋果

等。

進行有趣真實的推理是要前因的集合包含於後果的集合才會真實可靠。「若張三是台灣人，則張三是地球人。」為真，理由是台灣包含於地球，所以我們也可以說「人會死」，因為「人」所成的集合包含於「會死」的集合。

◎已知「集合 A 包含於集合 B」，則敘述「若 A 則 B」

恆為真。

例如：女人是人為真。

◎想一想

甲說：乙說謊

乙說：丙說謊

丙說：甲、乙皆說謊

請問到底誰說謊？

分析一：

若甲說實話，則乙說謊

⇒乙說謊，則丙說實話

⇒丙說實話，則甲、乙皆說謊→產生矛盾

分析二：

若甲說謊，則乙說實話

⇒乙說實話，則丙說謊

⇒丙說謊，則甲、乙其中至少有一人說實話→成立

由分析一、二可以得知，甲、丙說謊，乙說實話。

◎有效的推理

　已知：P 為真，P→Q 為真。

　推理：Q 為真。

　此推論成立。

◎日常生活中的有效推理

　例1：已知：聖人休息時必吃水果或炸薯餅，

　　　　　　　不喝涼水則沒吃炸薯餅。

　　　推論：聖人休息時不吃水果則正在喝涼水。

　　　此推論成立。

　例2：已知：慈善家都是社會名流，

　　　　　　　許多社會名流都參加道德重整會，

　　　　　　　不是偽君子則不參加。

　　　推論：慈善家都是偽君子。

　　　此推論不成立，因為已知條件二中的 許多 ，

　　　並不代表全部，所以此推論不成立。

　例3：已知：喜歡帶雨傘的人 都是小心謹慎的人…(1)

　　　　　　　小心謹慎的人不會失落物件…………(2)

　　　推論：失物待領處的雨傘是由不喜歡帶雨傘的

　　　　　　人遺留下來的。

　　　此推論成立。

　　　由(2)知，失落物件來自不小心謹慎的人。…(3)

　　　由(1)知，不小心謹慎的人都是不喜歡帶雨傘

　　　的人。 ………………………………… (4)

由(3)，(4)知，失落物件來自不喜歡帶雨傘的人。失物待領處的雨傘也是失落物件之一，所以推論成立。

例4：已知：用功的學生都考試及格，

帶眼鏡的學生都是用功的。

推論：帶眼鏡的學生決不會考試不及格。

此推論成立。

帶眼鏡的學生推得都是用功的。 ……………（1）

用功的學生推得考試及格。 ………………（2）

由(1)，(2)得帶眼鏡的學生考試及格，也就是決不會考試不及格。

數學概念的培養，最終必須與生活連結，生活中的事物都必須運用邏輯思考來進行正確的判斷及進一步的推測，才能根本解決問題，因此數學就是一門培養正確預測的處事能力，並運用邏輯思考防患未來可能發生的問題。

C-C-04（能用數學觀點推測）、C-C-07（能用回應情境、估計等方式說明或反駁解答的合理性）。

小叮嚀 ....

進行某一單元教學時，引導者要提供此單元中應該會用到的所有
可能的解題技巧或類型。

附錄一

一、野人獻曝

易正明

　　分享教學心得是一件愉悅的事情，個人以嚴謹的態度來回憶並整理記錄二十餘年的教學經驗，一則可以自我省思，二則可以與他人共勉，因此我樂意將二十餘年的教學經驗分享出來。

　　首先我嘗試以普通數學為例，因為透過普通數學這一門課有很多機會接觸不同科系的學生，包括幼教系早期的幼教科、體育系之前的初教系體育組、音樂系等，大多數同學對學習數學留下的印象是不友善的，理由是數字殘酷無情，錯一點將影響整個結果。對於未留下解題過程的數學題而言，將會因一個小小的不小心導致前功盡棄，因此我改變評量的方式，依據各科系開設此門課的目標來規劃。因為普通數學對不同科系的學生而言，只是一種有利於其學習專門或專業領域的工具之一，如果能明顯地訂定其目標，並與生活經驗相連結，學生必然可以輕易地接受。不僅知之、好之乃至於達到更高之境界樂此不疲或欲罷不能，如此自能充分融入學習四個要素：輕鬆引導學生向實際進入活動、使學生嘗到發現結果的喜悅、主動思考與情願學習，我個人認為這樣學習才算正式開始。因此課程設計之活動目的除趣味化外，亦能兼顧教學目標或相關連結主題為原則，蒐集較多的反例或認

知衝突的情境問題，將使教學活化、學習者易懂。因此教學者必需多閱讀相關書籍並勤做筆記，實在無王者之路。引用牛頓名言：「我看的比別人更遠，因為我站在巨人的肩膀上」。總之，課程目標及數學課程素材必須顧及下列三個目標：(1)提供對學生本身是有意義的問題。(2)以能強化學生在問題上的深度思考取代一系列零碎的片段題材。(3)重視學生專注在他們自己的解題技巧或自我能力的提昇上努力，而忽略僅靠記憶的片段題材。

教學中進行分組討論時，行間巡視是為了了解學習者的解題情形，據以決定下一步的活動將採用何方案進行，因此教案經常不止一種路徑，會有各種配套措施。遇到討論的方向沒有價值，亦無助於釐清討論結果時，教師宜適時給予妥善的引導，幫助討論者回到有意義的概念上繼續進行討論，事先的準備工作及配套措施是重要的，例如：借助學生有意義的想法，透過學生生活上的需求及預設可能的各種情境下必須進行的解題活動，均可能成為激發概念聚焦的重要措施。

教師另一個重要工作是，當學習者仍無法提昇至另一個較高的認知層次時，必須提供有效地思考問題的工具如：整理表格，供學習者進行歸納用，搭配此問題，下面以二維圖表作為引導學習者進行思考問題的工具，但不要求學習者非使用不可，並鼓勵其他學習者有更好的解題思維或提供有效地思考問題的工具，因此課間的行間巡視是那麼的必要。

謹慎選擇難度不超過本學習單元的相關概念的類似題，

並提供精緻的練習題，例如：他校的考題或國家考試試題都是此學習單元的重要概念，如此亦有利於學習者日後應考進修之用。

數學概念知識的生活情境化，數學概念如何適切的被表徵，以銜接教師與學生對數學概念的理解，有意義的降低數學的複雜度並接近學生的想法，為了有利於數學抽象的類推本質，必須兼顧數學的原貌而不失真，因此如何在具體與抽象間取得一個平衡點將是最好的教學。簡言之，數學要有趣又要能用，如果一昧地注重有趣卻所學無用，則毫無意義。

個人秉持「一本初衷」的有教無類與盡心盡力的教育理念，一直把學生當自己的小孩看待。為了有效快速的認識學生，我在上課的第一天會排好座位，將學生的座位固定，一則可以快速有效的認識學生，二則可以清楚記錄其學習狀況，尤其配合形成性評量。也因此我給學生的一部分作業是個別化的，並透過投影片來進行分享，這是很重要的解題活動，因為透過此分享的解題活動，我可以清楚掌握學生可能存在的錯誤或迷失概念，方便進一步進行補救教學，也讓我據此可以更接近學生的想法，所謂「教學相長」在我的教學過程中得到證實，也讓我的教學更充實愉悅。

透過學生的評量、報告，讓我可以了解每一個學生對問題的想法，進一步證實，反應靈敏的學生也正教我們如何以簡易的方式面對初學者來詮釋較複雜的數學概念，達到相悅以解的美麗畫面。每年都會有不一樣的心得，讓我的教學經

驗更豐碩，其中更深切體會「後生可畏」，目前畢業的學生中有包括臺大、交大資工的碩士生、成大資工的博士生、清大純數的博士生及任教紐西蘭的中學教師，肯定學生是優秀的。對於上述的教學理念，有本系攻讀理論組的碩士生，在個人的指導下以小學為研究對象，進行此教學理念的準實驗設計，初步的兩篇研究結果均已達統計上較優的顯著差異，證實應用在小學的教學仍是必要的。

　　因此樂意藉此機會分享此心得，期望能有助於各位的教學，以「野人獻曝」為題，更強調不是困難的事，就像曬太陽一樣的簡單可行，效果卻無限的好。透過課前教學問卷表的填寫，可以事先了解學生的背景，教學計畫可以掌握整個教學目標，講講笑話來幫助學生在上課中保持精神充沛並得以持續專心，雖未達文獻所提的概念教學的完整教學階段（Jantz，1988）的要求，個人正努力於未來的教學中，逐一來驗證並修正實現。

註：本文已刊登於國立臺中教育大學第一屆教學優良教師專
　　輯：教學的喜悅。

二、國民小學數學知識

　　因為國內中小學教育一直隨著時間在做變動，期間進行了約二十次的課程改革，所以課程規劃就會有所不同，研究者以最近的三次變動（民國 64 年、民國 82 年及民國 89 年）來比較三次變動對國小學童應學得的數學知識是否有所差異。

(一)64 年版國小學童應習得之數學知識（資料來源：國立編譯館民 80、81 版），如附表 2-1：

附表 2-1

主題	數學知識	數學名詞
數	1. 能說、讀、聽、寫「1 兆」以內的整數。 2. 概數的意義。 3. 了解各種數的表示方法。 4. 了解數的十進結構。 5. 了解最大公因數、最小公倍數及互質的意義。 6. 了解正比與反比的意義。	1. 位名：個位、十位、百位、……，十分位、百分位、千分位、……。 2. 概數。 3. 整數（正整數）：奇數、偶數、因數、倍數、……。 4. 分數：分母、分子、真分數、……。 5. 小數。 6. 比：比值、正比、反比、……。
量	1. 了解容積的意義及計算。 2. 了解長度、面積或體積	1. 時間：年、月、週、日、……。

	的意義及計算。 3.了解圓周率的意義。 4.了解角度的意義及計算。 5.了解速度的意義及計算。 6.能做長度、重量、角度、面積、時間、速度等的測量單位換算。	2.長度：公分（毫米）、公尺（米）、公里、……。 3.重量：公克、公斤、公噸、……。 4.容量：公撮（毫公升）、公升、公秉。 5.角度：度 6.面積：平方公分、平方公尺、公畝、公頃……。 7.體積：立方公分、立方公尺、……。 8.速度：時速、分速、秒速。 9.圓周率。
計算	1.了解整數、分數及小數的四則運算，並會三者的混合運算。 2.能求出最大公因數及最小公倍數。 3.圓周長及面積的求法。 4.了解正比與反比的計算。 5.百分數（％）、百分率的計算。 6.計算機的使用。 7.算盤的使用。	1.運算符號：＋、－、×、÷、＝、＞、＜、……。 2.運算名稱：被除數、除數、商、積、和、……。 3.百分數（％）。
圖形與空間	1.三角形的圖形意義及分	1.線：直線、非直線。

圖形與空間	類。 2.四邊形的圖形意義及分類。 3.正多邊形的圖形。 4.立體圖形的意義及分類。 5.了解三角形的內角和等於 180 度。 6.了解圓心角、周角及平角和直角的關係。 7.了解圓周及圓面積的公式。 8.了解線、點對稱圖形的基本觀念。 9.了解圖形的展開圖、縮圖、擴大圖、投影圖的意義，並能繪製其簡易圖形。	2.圖形： 　(1)平面： 　　a.三角形：正三角形、等腰三角形、直角三角形、……。 　　b.四邊形：正方形、長方形、平行四邊行、梯形、……。 　　c.圓形。 　(2)立體： 　　a.三角錐與三角柱。 　　b.四角錐與四角柱。 　　c.圓錐、圓柱與球。 3.線對稱與點對稱。 4.角：圓心角、周角、平角、直角、……。 5.展開圖、縮圖、擴大圖、投影圖。
統計與圖表	1.了解長條圖、折線圖、百分圖與圓形圖的意義、畫法和讀法。 2.平均概念。 3.能獲得搜集簡單統計資料，加以分類、計數、整理，並繪製與解釋簡易統計圖表。	1.橫軸與縱軸。 2.長條圖、折線圖、百分圖與圓形圖。 3.平均與平均數。
集合與關係	1.了解並運用母子和求母數的方法。	1.未知數。 2.加成、打折。

	2.機率。 3.未知數。 4.座標。 5.各個測量單位之間的關係。 6.四則運算之間的關係。 7.理解等量公理。 8.平行、垂直、對稱、……等關係。	3.基準量（母數）、比較量（子數）、比值。 4.機率。 5.座標。 6.平行、垂直、對稱、……。
術語與符號	1.認識各種數學術語與符號，並了解其意義。 2.正確運用各種數學術語與符號的操作與關係。 3.透過各種數學術語與符號的運用，獲得統括的觀念。	各種數學術語與符號。

二、82 年版與 64 年版國小學童應習得之數學知識的比較，如
  附表 2-2：

附表 2-2

主題	多	少
數	-	-
量	-	-
計算	-	異分母分數的除法
實測	1.透過實測活動，讓學童了解長度的概念。 2.透過天平進行比重，讓學童了解重量的概念。	-

	3. 利用倒水的活動，讓學童了解容量的概念。 4. 透過查月曆、時鐘，讓學童了解時間的概念。 5. 透過覆蓋、切割拼湊活動，讓學童了解面積的概念。 6. 透過量角器的活動，讓學童了解角的概念。 7. 透過快慢的感覺及現象，讓學童了解速度的概念。	
圖形與空間	-	點對稱的基本觀念。
統計圖表	1. 眾數、加權平均數。 2. 時刻表與節目表。	-
集合與關係	-	1. 了解並運用母子和求母數的方法。 2. 機率。 3. 未知數。
數量關係	1. 座標。 2. 了解比的意義及計算。 3. 未知數。	-
術語與符號	1. 眾數、加權平均數。 2. 時刻表與節目表。	點對稱。

三、89 年版與 64 年版國小學童應習得之數學知識的比較，如
　　附表 2-3：

附表 2-3

主題	多	少
數	1. 能說、讀、聽、寫「1百兆」以內的整數。 2. 了解整數、分數及小數的四則運算，並會三者的混合運算。 3. 能求出最大公因數及最小公倍數。 4. 了解正比與反比的計算。	-
量	1. 百分數（％）、百分率的計算。 2. 計算機的使用。 3. 算盤的使用。	-
計算	-	1. 了解整數、分數及小數的四則運算，並會三者的混合運算。 2. 能求出最大公因數及最小公倍數。 3. 圓周長及面積的求法。 4. 了解正比與反比的計算。 5. 百分數（％）、百分率的計算。 6. 計算機的使用。 7. 算盤的使用。
圖形與空間	-	1. 三角形的圖形意義及分類。

圖形與空間	-	2.四邊形的圖形意義及分類。 3.正多邊形的圖形。 4.立體圖形的意義及分類。 5.了解三角形的內角和等於 180 度。 6.了解圓心角、周角及平角和直角的關係。 7.了解圓周及圓面積的公式。 8.了解線、點對稱圖形的基本觀念。 9.了解圖形的展開圖、縮圖、擴大圖、投影圖的意義，並能繪製其簡易圖形。
幾何	1.三角形的圖形意義及分類。 2.四邊形的圖形意義及分類。 3.正多邊形的圖形。 4.立體圖形的意義及分類。 5.了解三角形的內角和等於 180 度。 6.了解圓心角、周角及平角和直角的關係。 7.了解圓周及圓面積的公式，並計算簡單扇形面積。	-

	8.了解線對稱圖形的基本觀念。 9.了解圖形的展開圖、縮圖、擴大圖、投影圖的意義,並能繪製其簡易圖形。 10.平行、垂直、對稱、…等關係。	
代數	1.能理解等量公理。 2.能用符號表徵生活中的未知量及變量。 3.能用含未知數的等式或不等式,表示具體情境中的問題。 4.能發展策略,解決未知數的算式題。	-
集合與關係	-	1.了解並運用母子和求母數的方法。 2.機率。 3.未知數。 4.座標。
統計與圖表	-	1.了解長條圖、折線圖、百分圖與圓形圖的意義、畫法和讀法。 2.平均概念。 3.能獲得蒐集簡單統計資料,加以分類、計數、整理,並繪製與解釋簡易統計圖表。

統計與機率	1. 了解長條圖、折線圖、百分圖與圓形圖的意義、畫法和讀法。	-
連結	1. 察覺能力，例：能察覺生活中與數學相關的情境。 2. 轉換能力，例：能把待解的問題轉化成數學的問題。 3. 解題能力，例：能了解一數學問題可有不同的解法，並嘗試不同的解法。 4. 溝通能力，例：能尊重他人解決數學問題的多元想法。 5. 評析能力，例：能評析解法的優缺點。	-

　　由上我們可發現民國 64 年的版本，數學科的內容編排方式是以單元內容呈現，課程內容方面則以老師講述的內容居多，學生的學習也著重在練習，解決問題上較不能解決非例行性問題。民國 82 年的版本，可清楚看到課程內容把實測的部分納入進來，而且課程標準也強調學生是學習的主體，老師要鼓勵學生採用不同的策略來解決問題，不再只是老師單方面的教導，課程安排也強調師生的互動。民國 89 年的版本，更強調數學與生活連結，讓這些重要的數學概念與精熟的演算能力成為「帶著走」的能力及應用於日常生活中。

三、關於課程設計的文獻

　　把數學課程的發展視為是進行一項科學性的工作，牛頓名言：「我看的比別人更遠，因為我站在巨人的肩膀上。」

　　數學課程應該連結課室裡的教與學的實務研究、課程發展者的認知及當地的文化背景或中心信仰。對於改善數學課程素材上的教學技巧，教不重視學生在學習上可能提出的需求給予妥善處理。舉例：課程目標及數學課程素材已顧及下列三個目標：(1)提供對學生本身是有意義的問題。(2)以能強化學生在數學上的深度思考取代一系列零碎的片段題材。(3)重視學生專注在他們自己的解題技巧或自我能力的提昇上努力，而忽略僅靠記憶的片段題材。情境佈置係利用白色積木為教具，來進行大樓的堆積活動。以四個白色積木排成正方形為大樓的基地，或是排成長方形的基地，利用樓層不同的大樓為題材，透過計算大樓所提供的房間數的問題，引導學生習得 4 的倍數的規律或熟悉九九乘法表中 4 的倍數，經由師生的對話，凸顯情境化的數學活動對學生的學習是有意義的活動，如何適切的引導才稱得上是一種可行的數學課程設計，或者稱得上是發展數學課程的有意義活動。

　　對話紀錄中看到了學生主動地從事數學課題的探索、思考與討論。但是缺乏一個明顯的概念以作為師生對話的焦點，比如：已知五層高大樓的房間數，學生是如何類推以得

知十層高大樓的房間數？是可以成為師生對話的焦點數學概念。

忽略學生有意義的想法：移走大樓中某一層的樓層將形成另一棟大樓及透過點數白色積木的活動以確認大樓的房間數，並沒有被列為討論的焦點或進行後續的發展；相反地，教師引入大樓的房間上的窗戶個數問題，對於討論的課程目標沒有價值，亦無助於釐清討論結果。因此進行課程設計者如何能因應學生可能產生的需求，適時給予妥善的引導到有意義的概念上繼續進行討論，事先的準備工作及配套措施是重要的，視數學課程發展工作為一項科學性的活動或配合教案設計有計畫的融入數學概念進行有意義的活動，方能引導學童進行有效的數學學習。

配合科學方法的四個步驟，進行重複地演算或相關定理的驗證。（Von Glaserfold, 1995）

(1)問題的條件或限制應力求簡單明瞭，方便學生使用。

(2)定理或規則能合理地解釋計算的結果。

(3)對於規律性的結果，可以經由定理加予推演或預測。

(4)修正定理或規則使其更能廣泛地應用於其他可能的計算結果。

因此視數學課程的發展為一次科學性的努力。

透過學生可能在生活上的需求或問題情境下必須進行的解題活動為動機，進行的數學教學活動等同於根本建構學習理論，一樣提供學生有意義的數學問題，目的都是幫助學生

提昇學生的思考層次。教師在教學活動中儘可能提供機會思考對其個人而言是有意義的數學知識，經由多媒體記錄學生的想法，透過與學生個別互動的對話經驗，設計引導性的教學流程以適用於全班同學的教案。

　　課程發展中教與學是教學活動的核心，經由科學的分析及標準程序，結合研究者的理論及實務工作者經驗的交流與互動，讓數學課程發展成為一個有機體，能夠以科學的方法不斷地成長與茁壯。

　　註：本文已刊登於國立臺中教育大學《國教輔導月刊》。

附
錄
二

不同的阿拉伯數字滿足整數的基本運算

任意地將阿拉伯數字 1～8 不可重複填入空格中，滿足加減乘除四則運算。

	－		＝	
÷				＋
	不得重複填入數字 1 至 8			
‖				‖
	×		＝	

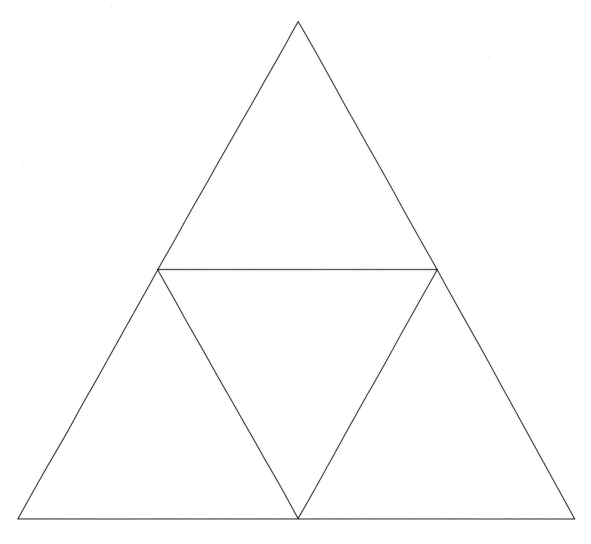

(a)正四面體展開圖

(b)正六面體展開圖

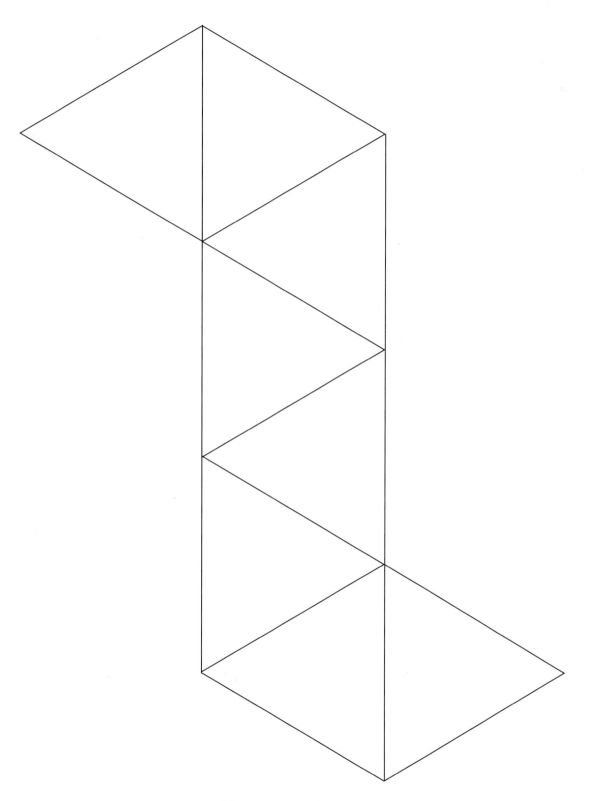

(c)正八面體展開圖

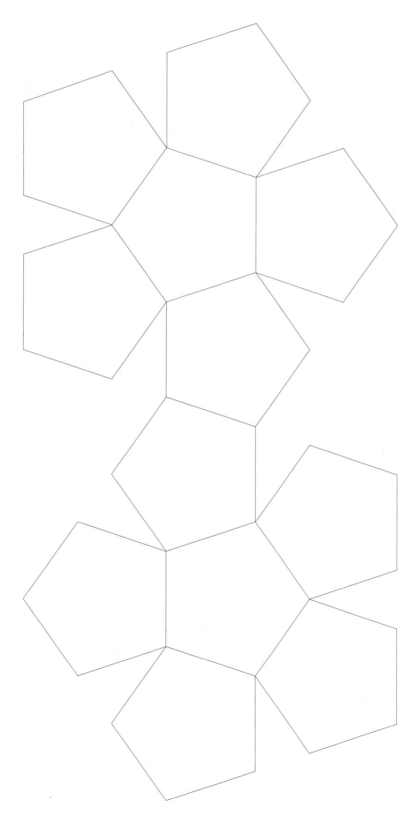

(d)正十二面體展開圖

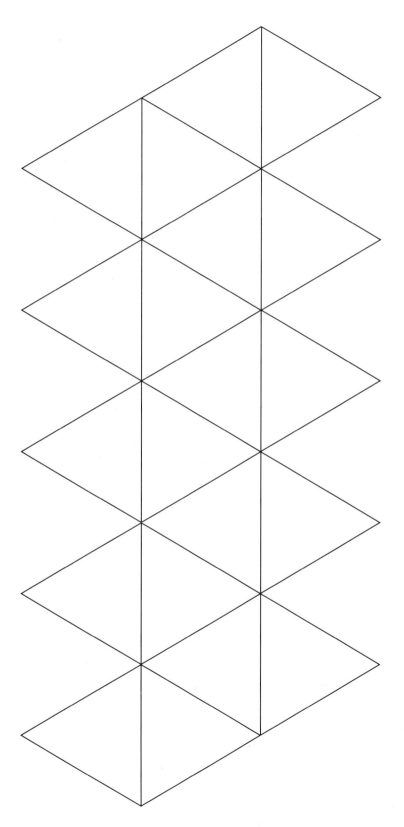

(e)正二十面體展開圖

國家圖書館出版品預行編目資料

有趣的數學活動／易正明,陳淑卿合著.
－初版.－臺北市：五南，2008.01
　面；　公分.
I S B N: 978-957-11-5073-4（平裝）
1.數學教育　2.教學活動設計　3.中小學教育
523.32　　　　　　　　　　　96025495

5Q09

有趣的數學活動

編　　著	－ 易正明（460.1）　陳淑卿
發 行 人	－ 楊榮川
總 編 輯	－ 龐君豪
主　　編	－ 黃秋萍
責任編輯	－ 蔡曉雯
封面設計	－ 莫美龍

出 版 者 － 五南圖書出版股份有限公司

地　　址：106 台北市大安區和平東路二段 339 號 4 樓

電　　話：(02)2705-5066　傳　　真：(02)2706-6100

網　　址：http://www.wunan.com.tw

電子郵件：wunan@wunan.com.tw

劃撥帳號：01068953

戶　　名：五南圖書出版股份有限公司

台中市駐區辦公室 / 台中市中區中山路 6 號

電　　話：(04)2223-0891　傳　　真：(04)2223-3549

高雄市駐區辦公室 / 高雄市新興區中山一路 290 號

電　　話：(07)2358-702　傳　　真：(07)2350-236

法律顧問　得力商務律師事務所　張澤平律師

出版日期　2008 年 1 月初版一刷
定　　價　新臺幣 250 元